寬容之路

謝延庚 著　　東大圖書公司 印行

國立中央圖書館出版品預行編目資料

寬容之路：政黨政治論集／謝延庚著.
-- 初版.--臺北市，東大發行：三
民總經銷，民85
　　　　面；　　　公分.--(滄海叢刊)
ISBN 957-19-1889-X (精裝)
ISBN 957-19-1890-3 (平裝)

1.政治—臺灣—論文，講詞等

573.07　　　　　　　　84012678

© 寬　容　之　路
——政黨政治論集

著作人　謝延庚
發行人　劉仲文
著作財
產權人　東大圖書股份有限公司
　　　　臺北市復興北路三八六號
發行所　東大圖書股份有限公司
　　　　地　址／臺北市復興北路三八六號
　　　　郵　撥／〇一〇七一七五——〇號
印刷所　東大圖書股份有限公司
總經銷　三民書局股份有限公司
門市部　復北店／臺北市復興北路三八六號
　　　　重南店／臺北市重慶南路一段六十一號
初　版　中華民國八十五年一月

編　號　E 57101

基本定價　貳元捌角

行政院新聞局登記證局版臺業字第〇一九七號

ISBN 957-19-1890-3 (平裝)

序

　　我是一個大而化之的人，多年來在《聯合》、《中時》等報紙專欄發表的政論文章，不下數十篇，由於不善收存，日久天長，有不少已散失無蹤，今回應好友的雅意，及東大圖書劉董事長的敦促，將找得出來而還算看得過去的四十篇付印。

　　歲月催人，年過花甲之後，驀然回首，經歷了戒嚴時期與解嚴後的動盪政局，或許可從這若干篇短文中，尋繹台灣政治發展的蛛絲馬跡，其間的滄桑，也或許可提供關心國是者一些脈絡，從而思索興革之道。對我而言，這些書生之見，所流露的，乃是一個知識份子憂國憂時的心血，若問有什麼值得敝帚自珍的地方，我只能說：一字一句，盡為肺腑之言，也洋溢著野人獻曝的熱忱。

　　對於談國是的大不易，先賢胡適之先生的感受最為真切。他說，寫考據文章，一小時可以寫兩三千字，寫政論文章，一小時連兩三百字都寫不出來。言外之意，當然不可解讀為作者的才思不夠敏捷，而是應當體察其警覺言責重大，不可掉以輕心，不才亦深具同感，常為字斟句酌而輾轉不眠。

　　這本小書所談的多是憲政改革及政黨與選舉等大問題，大題小作，很難面面俱到，亦不宜面面俱到，個人所崇尚的是「能見其大」，在風品上，則著意於率直、持平、和言之有物。長久以來，國內的言論界總是有所偏執，早期到處彌漫趨奉威權並力全撻伐異端的言論，

免不了引發反對人士充滿激越之情與暴戾之氣的言論；解嚴之後，向威權挑戰及反體制的言論充斥；另一方面，「仰體上意」竭盡粉飾和迴護之能事的言論，亦比比皆然。於是守正不阿與和而不同的清議，兩面不討好，自難有容身之地了。

　　基於這般體認，拙作一貫地秉持中道，訴諸理性，故定名爲《寬容之路》，其中如〈「容忍比自由更重要」釋義〉、〈寬容・溫和・折衷〉、及〈如何對待偏激的競選言論〉等等可爲表徵；然而，寬容並不等於鄉愿，有鑒於此，議論之中，從不迴避敏感問題，而是懷抱道德勇氣，言所當言，如〈「充實」抑「改造」?〉〈國民黨果眞要自甘墮落嗎?〉及〈民進黨應將「臺獨」排除在黨綱之外〉各篇，皆是不隱不諱地痛下針砭，並有本乎良知和專業的建言。

　　掇拾這些「走過從前」的舊作，回首前塵，不無嗟吁之感！由於時過境遷，當時頗獲好評的議論，今日視之，或已不洽輿情，面對此等曾經付出心血的看法，筆者雖不覺得汗顏，但委實有點不安，譬如偶而會犯下「書呆子」的錯誤，即基於脫俗的理念去看待實際政治中的人與事，後來才察覺寄望過高，其實，這也沒有什麼可笑的，人事無常，何能未卜先知？看來不「以今非古」的教訓，或許可引爲自我解嘲的遁詞。

　　總之，這本專欄選集，所思所言，皆是摒除黨見之私且出於誠敬之心的作品，這麼說，似有「老王賣瓜」之嫌，還是留待方家批評指教吧。

謝延庚　謹識

民國八十四年十月

寬容之路

目　次

誰是選罷法的執法者

政治學家艾本斯坦在《當代的主義》一書中，列述民主的若干特性，其中之一即為「志願主義」，他強調志願原則實為自由社會及民主生活方式賴以維繫的命脈。賴克曼於其近著《民主國家如何投票》中再度肯定了此一理念，他說：「倘若公民不願或不能扮演他們的角色，在任何情況之下，最好的制度亦將失敗。」

基於上述理念，我人應當確認，選舉行為的規範，除了法律之外，更重要的是選民心中的公是公非。然而，盱衡此次增額中央民意代表選舉的前景，國人似乎對於首次適用的選罷法寄望甚高，以為往昔的選舉風紀之所以欠佳，一則由於所引用者並非正式法律，難昭大信；再者或因立法不夠公正，執法不夠嚴厲，以致行險僥倖者無所忌憚。如今，新法匡正舊弊，只要執法者毋怠毋忽，嚴陣以待，則必能使玩法者卻步，選風自可清明，這種看法未免過於單純。確切地說，選罷法只是為選舉提供公平競爭的規範，而政黨與候選人的政治生命乃是選民所賦予的，設若選民不在乎競選者守法與否，那麼選罷法的尊嚴便很難維持。

在以往的選舉中，選監人員可說是唱獨角戲的，他們在情勢上陷於孤立，心理上的緊張與惶恐可以想見，就執法者的地位而言，他們必須嚴密追縱候選人的不法行徑，而選民卻是冷眼看候選人的狂熱表

演，於是選監人員一方面成爲競選者心目中的抗拒對象；另一方面，由於未能有效約制競選活動，又被選民看做有名無實的執法者，可謂腹背受敵，四面楚歌。其結果，選舉機關、選監人員、選舉法規、候選人與選民，都成爲失敗的形象。

平情而論，對選罷法有較高的期望，本屬無可厚非，但決不可當它是屠龍伏虎的利器，因爲舉國所期盼的是一個和諧的選舉，一個以全民評價作爲無形規範的選舉，明乎此，選監人員執法之際，應當秉持廓然大公和泰然處之的氣度，不吹毛求疵，不輕舉妄動，執法儘管從嚴，但監察的尺度要寬鬆些，千萬不要以爲若非點滴必爭就算失職。另一方面，候選人要懂得接受整個政治社會的欣賞，不要鑽法律漏洞，或以僭越爲自得，因爲艱苦奮鬥的目的爲了要當選，不是但求脫法即可操勝算的。

總之，選務機關、選監人員、政黨、及候選人都應當瞭解，選民才是選罷法眞正的執法者。

69 年 11 月 22 日《中國時報》

什麼是動人的競選口號

　　一般來說，選民都不喜歡讀冗長的政綱，聽平淡的政見，有鑒於此，候選人總要借重其智囊的巧思妙想，製造簡明有力的競選口號，以顯示政見的重點，進而打動人心，爭取支持。

　　這種競選口號表達方式，常常是一句簡單明瞭而意味深長的話語，以候選人為主題，或暗含政見的特色。在美國選舉史上即不乏此等耐人尋味的痕跡。例如一九〇〇年，麥金利總統競選連任，他的競選總幹事哈納提供了一句口號：「我們要改變嗎?」，當時正處於經濟繁榮民生安定的狀態，這句問話頗為傳神，足以暗示選民，日子過得很好，何必要改變呢? 一九一六年，威爾遜麾下的策略家麥考密克利用歐戰的背景，針對人民畏戰而又慶幸未遭戰禍的心理，標示一句動人的口號：「威爾遜使我們不捲入戰爭」。一九五二年艾森豪競選，他的競選總部為了引發選民對這位英雄的崇拜，就喊出「我喜歡艾克」（艾克是艾森豪的暱稱）的競選口號，卒能一呼百應。

　　然而，動人的競選口號並不是可以任意製造的，候選人必須默察國家處境與客觀情勢，要言之有物，方能引人入勝。反之，倘若一味浮誇，或危言聳聽，縱然扣人心弦，亦將不攻自破。

　　這一次增額中央民意代表選舉業已展開活動，縱觀宣傳單、各式招貼及政見發表會所揭示的競選口號，大體上都還平實可取，但極少

數的候選人仍然未能把握政見要領，讓選民留下深刻的印象，而只是刻意求口號之動人或驚人，遂不自覺地使自己陷入空言無補的困境。例如某些候選人標榜「徹底改革政治風氣」和「樹立政府新形象」之類的空泛口號，令人莫測高深；此外，也有自稱「黨外孤星」，或強調「爲黨外傳香火」的候選人，這樣的口號可謂情詞並茂，不能說不動人，問題在於口號本身並未反映政見或候選人形象的特色。其言外之意似爲只要是無黨派的候選人都值得支持，殊不知選民所注重的是其人是否賢能？其政見是否高明而又切實可行？以及當選之後能否爲社會創造福祉？並不關切誰是「孤星」，誰傳誰的「香火」。

　　選戰伊始，勝敗未卜，奉勸作君子之爭的各路人馬，對選民作承諾是極其嚴肅的事，故應以臨淵履薄之心，提出一己的競選口號，其內涵總得求其篤實平和，且婉約而有餘味，方能感人，才是上品。

69 年 11 月 24 日《中國時報》

談候選人應有的風貌

————獻給本屆增額中央民代選舉的候選人

增額中央民意代表選舉，業已進入緊鑼密鼓的階段了。值茲選期逐漸逼近之際，此刻候選人的心情不免隨之日趨緊張，同時，也不免暗自盤算，在即將來到的激烈競爭中，一己的競選策略如何？更落實的說，在作風上究竟何所抉擇才是明智的？這實在是一個很嚴肅的問題，本文無意於期盼候選人扮演道德家的角色，處處爲衆生著想，而是只以候選人競選的利害得失作爲評估的著眼點，略抒所見。

客觀情勢今非昔比

候選人應有的風範如何？並無放之四海皆準的定論。英儒拉斯基（Harold J. Laski）以「適合主義」（doctrine of availability）一詞表達候選人形象或風範常隨客觀情勢而定之意，可說是頗爲允當的。所謂「適合主義」，一言以蔽之，就是候選人的風範應適合時代潮流和政治環境的需求。

晚近以來，在民主思潮的激盪下，國內的選舉，展現了多方面的進步，確乎是值得欣慰的事。然而，民治事業的成就，不是一蹴可幾的，無可諱言，徵諸以往的經驗，我們的選風仍有若干瑕疵，其中特

別是部分候選人言行的偏差，對於國家非常處境和未臻穩固的民治基礎而言，有心人實不堪其憂！悲觀一點說，倘若此風再行滋長，則辦一次選舉就傷一次和氣，並且由於誤解和偏見的擴散，必然會造成思想污染，而足以斲喪民主憲政的根基。

論者或謂候選人的言行，不是自發的，他們的作爲或不作爲，不過是投合選民的好惡之情而已；也就是說，什麼樣的政治社會，什麼樣的政治氣候，就有什麼樣的競選言行，候選人是毋需乎任其咎的。此說固屬有理，但有一點要提醒候選人諸君的，政治氣候並非一成不變，中美斷交以來，高雄暴力事件之後，國人痛定思痛，自覺心已大爲提高，候選人在釐定競選策略的時候，應當默察民意的新動向，至少要了解一般選民目前對候選人的期許如何？另一方面，政府極其愼重地制定了選舉罷免法，爲民主法治樹立了規範，這是適用新法的第一次選舉，各方寄望殷切，因而執法者維護法治尊嚴的決心不容置疑。同時，執政黨只提名了佔總名額百分之五十七的候選人，旨在爲和諧的選舉鋪路，凡此種種，在在顯示這次選舉的背景與客觀形勢已是今非昔比，套用雷格斯（Fred W. Riggs）的術語，上述的許多因素，已造成了「生態轉換」（ecological transformation）。候選人應當洞燭先機，在心理上有所準備。

基於以上的認識，願向候選人提出幾點忠言，作爲候選人確立良好風範的參考。

氣度寬容遵守民主規範

寬容（toleration）是民主政治的命脈。歐美國家以累世之功錘鍊

而成的風格之一，即是寬容氣度，政黨或候選人之間的競爭，雖屬無所不用其極，但彼此都會顧全大局，遵守民主規範，即使在成敗得失的緊要關頭，亦能保持風度，不走極端，此實為政治權力得以和平移轉及民主制度得以薪傳不絕的重要憑藉。

我國朝野上下，依附民主政治的信念與誠心，是無可懷疑的，然而，每逢選戰激烈之際，若干候選人一意求勝，其言行往往失之於偏頗，甚或流於苛虐。最常見者是某些候選人以狹隘的地域觀念為號召，歪曲事實，以誘發群眾的憤慨；或者標榜無黨派的立場，肆意詆毀執政黨及政府，表示不怕權威，甚至「向法律挑戰」，表示敢作敢為。其他如：口出惡言，作正面的人身攻擊者有之；冒名賄選，誣陷對手者有之；故意違規，迫使選監單位取締，從而爭取在場群眾之同情者亦有之。奇技淫巧，花樣百出，其有悖於寬容氣度則一。

盱衡近世潮流，政治思想中的極端主義已漸趨沒落，凡是以選舉決定治權誰屬的國家，其政黨及候選人多已揚棄偏激的言論與態度，即使是極端黨派，為了想在議會中爭取一席之地，亦有被迫而修正其偏激立場的跡象。例如近幾年來，法國、義大利和日本的共產黨先後宣布不再遵守無產階級專政的路線，這或許是策略的運用，但亦足以顯示「民意政治」的動向如何了。

無可否認，在以往的選舉記錄中，潑辣兇悍的候選人，確有因而僥倖當選的事例，職是之故，這次的選舉，或許還會有存心譁眾取寵以求倖進的候選人，但不要忽略變動中的政治社會之新趨向，其間最特出的一點，由於經濟快速成長，民間安和樂利的條件普遍提高，一般選民對當前的政治現實都有一份眷戀或相當穩定的認同感，在這樣的現狀基礎上，逞口舌之快的候選人，高唱反理性的論調，或是玩弄

嘻笑怒罵以抬高身價的技倆，恐怕會引起反感甚至招致唾棄。奉勸候
選人正視此一客觀形勢，應以國家處境及個人遠大的政治前程爲念，
須知民主憲政是千秋志業，一次的選舉不是你死我活之爭，明乎此，
越是在心氣浮動的時際，越是要保持從容不迫的風度，不發狂言，不
走偏鋒，但以平實的政見從事公平競爭，才能博得好評，爲廣大的選
民所接納。

作風純樸不以金錢鋪路

競選要花錢，乃是世界性的公開秘密。奧菲麗克（Louise Over-
aker）教授有言：競選費用是民主政治未解決的大問題（The great
unsolved problem of democracy），此一警語，顯然是有鑒於歐美競選
費用激增和政黨及候選人揮金如土的事態而提出的。在金錢與政治之
間所涉及的諸多問題中，最受訾議者輒爲競選費用昂貴常使賢能的寒
士望而卻步，這豈非民主政治的諷刺？一九四〇年代以來，歐美國家
即不斷加強立法限制和輿論規範，以期挽救政黨的淸譽及候選人的純
樸作風。

這些年來，國內的競選費用也有了驚人的擴張，投入中央或地方
選舉的候選人，在數以百萬甚至千萬計的競選費用負荷之下，無形中
加重了得失之心的壓力，也就連帶的造成孤注一擲和輸不起的心態，
同時，銀彈攻勢不免敗壞選風，自然會引起各方譴責。十九世紀的英
國，角逐國會議員者，幾乎盡爲出身名門世家資產雄厚的顯赫之士，
狄士累列（Disraili）形容他們是「自然貴族」（natural aristocracy），
所以候選人必能取信於衆人，他是志不在金錢的。我國的情況則不

然，候選人之所以勉力張羅鉅資以競選，動機爲何？不免招致猜疑，在街談巷議中反應的流行觀念是：「這些人競選花了大錢，還不是要在任內撈回來。」選民有了這樣的看法，候選人眞是有口莫辯。揣摩一般選民的心意，有一點似乎是依稀可見的，那就是在猜疑和抱怨的背後，實隱含著一種期盼，即希冀候選人具有純樸的氣質和作風，而不是以金錢鋪設靑雲之路的人，也不是栖栖遑遑仰仗貴人撐腰，而他日可能被牽著鼻子走的人。

至於選費多寡與競選成敗的關係如何？至今尚無定論。但有一事是可以確知的，即花大錢競選的人也未必一定成功，美國的富豪洛克菲勒（Nelson A. Rockefeller），雖曾做過州長，後來也曾在特殊的際遇中做過副總統，可是他在問鼎白宮的奮鬥中，卻留下一連串的失敗紀錄。美國政界流傳一句俗話：「金錢並非萬能」（money is not everything），這句話是有其背景的，因爲民間偏愛艱苦奮鬥的候選人，最近德國和日本的國會議員選舉，也流露了此一跡象。基於人同此心、心同此理的體認，我們展望這一次的選舉，選民勢必厭棄以金錢爲階梯攀附國會之門的角色，願候選人三致其意。

氣概光明直接訴諸選民

先進民主國家政黨政治有一個嶄新的動向，即政黨及其候選人表現直接訴諸選民的勇氣，這也可說是一種光明磊落的氣概。據政治學界有關的研究報告顯示，美國的競選費用，約有三分之二的用途是消耗於電視等宣傳項目，這表示政黨及政治人物的活動已經從幕後走向臺前，不再依賴那些熟習政治行情、長袖善舞的牽線者（wire-pullers)，如美國選舉史上的哈納（Mark Hanna）、海司（Will Hayes）、法萊（James A.Farley）及哈爾（Leonard Hall）之流，因爲現代的政治溝通和政治參與，業已迫使政治掮客失勢，聰明的候選人都能深切體認，直接與選民接觸是無可替代的良策，政黨提名之所以流行直接初選，以及候選人之所以不惜重金充份利用交通工具與傳播工具，正是此一動向的具體表徵。

　　近年來國內選舉雖有不少創新之處，但在這方面的進展，似乎步履蹣跚，這可以從競選經費顯然並非以訴諸選民的活動爲主要支出一節，略窺端倪。

　　一般的說，候選人往往欠缺直接訴諸選民的氣概，在意識上始終不能忘情於寄望貴人扶持，這又可以分爲兩種類型。其一，由執政黨提名的候選人，往往會仰賴黨部的鼎力支持而掉以輕心；其二，無黨派候選人則是醉心於拉攏同道的政治勢力，以爲只要仰仗立場尖銳、鋒芒畢露的二三人出馬助陣，即可穩操勝算。上述候選人心態的兩種情境，我人斷言必定均不爲選民所喜愛，心存僥倖的候選人不可不察。

69 年 12 月 13 日《中國時報》

端正選風、無畏無私

　　正值增額中央民意代表選舉緊鑼密鼓之際，執政黨蔣主席期勉黨提名候選人，「一定要以身作則，切實守法、守分、守紀、遵守節約原則，保持民主風度，從事君子之爭，一切以國家利益為重，一切以民眾福祉為先。」並強調「這次增額中央民意代表選舉，是對我們加速貫徹民主憲政的又一次考驗」，乃呼籲「黨工幹部與候選同志，共同努力，來改善選舉風氣，與提昇民主政治的品質」。此番剴切提示，語重心長，所關心的不是黨人參選者席次得失，而是能否「以身作則」，有無「民主風度」，以及「選舉風氣」與「民主政治的品質」等課題，這種磊落的胸懷，令人欽佩！比之於美國總統只為同黨候選人奔走呼號，經國先生卻首先要黨人嚴於律己，實在比前者更能表現政治家的公道。我人以為這是自從解嚴與開放組黨之後，又一次發人深省的昭示。

子率以正、孰敢不正

　　多年以來，臺灣地區在選務行政上所追求的公平、公正、公開，業已大有可觀，即使與先進民主國家相比，亦不遜色。惟選風敗壞日甚，賄選傳聞充斥，鄉里街坊，繪聲繪影，有不可勝言者，有識之

士，莫不引以爲憂！

　　執政黨三中全會過後，筆者曾爲文云：「今試就黨的革新、行政革新、及全面革新的交會之點，指出一項衆所關切的課題，那就是端正選風，打擊賄選。這可說是不同凡響的改革要項，多年來賄選成風，已是公開秘密，而臺灣地區的各級選舉，執政黨提名之候選人佔極大多數，面對此一足以斲喪憲政命脈和敗壞社會風氣的弊病，黨與政府，豈可坐視？今若藉執政黨蔣主席之號召，政府痛下決心，秉持無畏無私的氣度，昭告全國，傾治安及司法部門之全力，以果敢的行動，防杜金錢與暴力作祟，打擊賄選流弊，類乎此等孚衆望快人心的大有爲措施，必能重振政府威信，帶動全面革新的契機」。如今，全面革新，業已次第開展，而增額中央民意代表選舉適時舉行，蔣主席說這次選舉是對我們加速貫徹民主憲政的又一次考驗，旨哉斯言！「政者，正也，子率以正，孰敢不正」，執政黨何不以身作則，銳意帶動端正選風的作爲，從而展示黨務改革的風貌，必能一新耳目。抑有進者，設若執政黨參選者皆能表現守法守分的風品，則相形之下，黨外候選人亦將承受很大的壓力，選風或將因而丕變。

打擊賄選的途徑

　　端正選風的作爲，若止於言之諄諄的地步，恐難遏抑苟且者的僥倖之心。蓋積弊已深，故在作法上首先要顯示執政黨及政府的決心，除中央選舉委員會的選監單位之外，內政部及法務部亦全力支援，形成專案編組，主動而積極地偵察賄選情事，並懸賞鼓勵檢舉，務求聲勢奪人，以造成打擊賄選的高潮。

　　固然，行政管制與法律制裁，並非消弭賄選的根本之途，但在大力推動政治改革的時際，以政治動員的聲勢打擊賄選，必能彰顯政府淨化選舉的魄力，亦可表明執政黨並非只以贏得選舉為職志，進而喚起民眾，共同努力造就清明的政治氣候。

　　以言治本之道，執政黨輔選策略，宜乎因時變通，指導候選人將競選經費的主力，直接用之於訴諸選民的項目。英美的選舉，早期亦有賄選歪風，至今也未必全然弊絕風清。但政黨及其候選人，大致皆不信賴買票勝選，亦不妄圖以金錢為餌，換取選民的支持，最顯著的一點，即不倚仗包攬選票的牽線者（wire – puller）。其競選費用大量挹注於花樣翻新的宣傳活動。其他如建構高水準的競選組織，進行民意調查，及著意於公共關係作業，亦為支配選費的要項，在賄選為政治氣候與生態環境所不容的情勢下，選票買賣自然就消聲匿跡了。

　　衡情度理，賄選是最落伍也是最怯弱的表現，因為沒有信心去爭取選民的認同與支持，才出此下策。對選民而言，實為最嚴重的冒犯和污衊；對國家而言，足以腐蝕民主憲政的生機。職是之故，要打擊賄選，除了施鐵腕之外，在政治教育上，還要以感人的言詞，把這個義理說清楚，故大眾傳播工具亦須投入此一動員，透過各種管道，激發選民潔身自好的良知，並對賄選的行徑，予以口誅筆伐。當年美國的新聞界，便是端正選風的主力，一面揭發賄選，一面教育選民，締造了不朽的貢獻。

喚起公意、排斥暴力

　　選風的敗壞，金錢賄賂之外，更惡劣的要算是暴力行為了。訴諸

暴力，本是反社會規範的行為，暴力介入選舉，對選民的自由意志，公權力的尊嚴，都有嚴重的威脅。無可諱言，自高雄暴力事件之後，暴力邊緣理論，若隱若現，暴力行為不絕如縷。政府為政治和諧而作無限度的容忍，無形中助長了暴力的氣焰，以致向法律挑戰的情事層出不窮，街頭聚眾滋事者有之，公然大鬧法庭者有之，結夥衝進國際機場管制室者亦有之，如此目無法紀，就文明社會法治國家而言，是可忍孰不可忍？

若以先進國家的經驗為借鏡，自由民主是要以法治為其屏障的，政治上的忍讓，並不意謂縱容非法。如節制法度，不對暴力加以制裁，則行險儌倖者固屬無所顧忌，即善良百姓，亦將失卻對法律之公信。目前民間對環境保護問題的反應，已有自力救濟之跡象，似與法紀不嚴及未適時執法有關，值得注意。

在解除戒嚴和開放組黨聲中，舉行這一次的選舉，不難想見向法律挑戰及游走暴力邊緣的行為，將格外囂張。不獨選監單位的執法者面臨考驗，且誠如總統所說，也是對我們民主憲政的考驗，但願政府已有因應的萬全之計。但筆者仍然不免杞人之憂，謹就所見作粗略的建議：

㈠在競選的過程中，當事人情緒緊張，言詞激昂，毋寧說是很自然的事，故執法者對選罷法的解釋與適用，不宜失之苛嚴。

㈡任何向法律挑戰的暴力行為，對於公共秩序與社會安寧而言，都是「明白而立即的危險」，執法者不可退縮，即使不克當場繩之以法，亦須隨即予以追訴，不容寬貸。

㈢對於公然向法律挑戰的暴力行為，如冒犯法院及滋擾機場等案件不可予以隱瞞，相反地，應立即公諸於社會，讓大眾知曉。

端正選風、義無反顧

第三點看似尋常，卻具有極為重要的意義。蓋以法制暴乃理所當然，但卻不能只憑藉法律制裁以消弭暴力。選舉的精義，原在於「以計算人頭代替打破人頭」，故暴力介入選舉，必然使民主政治黯淡無光。選民如無此共識，亦無唾棄暴力的意念，那末，即使以嚴刑峻法對付暴力，恐怕也免不了是「野火燒不盡，春風吹又生」的結局。

基於以上的認知，執政黨理當義無反顧，服膺蔣主席的昭示，身體力行，帶動端正選風的作為。一面激勵從政的執法者，在法治的崗位上不畏不懼；一面號召輿論界及大眾傳播界，勇敢地揭發賄選，並排斥暴力行為，掀起全民共棄之的浪潮，則無論成就多少，都會博得海內外的采聲。

69 年 12 月 18 日 《聯合報》

現代政黨的政綱

——並爲執政黨十二屆全會政綱進言

　　政綱又稱黨綱（platform），是現代政黨不可或缺的文獻，旨在揭示黨的立場、作爲、現階段的處境與因應之道，以及對於未來的抱負，藉以激勵黨人，鼓舞民心，進而爭取廣大支持。

政綱的模式及其困境

　　政綱既是政黨昭告國人的重要文章，其格調往往流於古板嚴肅，且因崇尚偉大的理念和華麗的詞藻，又往往流於空泛浮誇。以美國政黨的政綱爲例，誠如白賚氏（James Bryce）所描寫者：「其意向渺茫，難以置信，引人入勝，但令人困惑」。美國政治學家凱依（V.O.Key, Jr）亦曾以諷刺的口吻形容政綱，「對業已圓滿解決的問題大肆渲染，對爭議不決的問題，閃爍其詞」。

　　考其緣由，實因現代政黨刻意迎合各方旨趣，乃不得不肯定多元社會的特質，於是政綱中的主張與言詞，自然會多所眷顧；蓋衆人的好惡多端，必須兼容並包，才不致顧此失彼。美國的民主、共和兩黨，其政綱總是以博取廣泛的同情爲通則，要奉承強有力的社團，也要安撫那些被遺忘的人；要使保守派不感受激烈的震動，也要使進步

分子覺得有改變的可能。因此，政綱除了要標榜冠冕堂皇的理念之外，還要儘可能的避免偏狹和尖銳的觀點，那麼欲求其明確與踏實，遂難乎其難，亦因此不免在民眾心目中留下平淡無奇的印象。

再者，政黨爲了趨奉民意，常就若干顯然可孚衆望的主張，在政綱中有所反映，甲黨如此，乙黨亦往往所見略同，或者可以說是，掠人之美，論者因而有兩黨（指美國民主黨和共和黨）相互「盜取政綱」（platform – robbing）的譏評。英國政黨的政綱在這一點上亦無分軒輊，十九世紀的保守黨，曾附和自由黨普及選舉權的綱目，二十世紀的保守黨，又承接工黨的福利政策，故有人喻之爲袋鼠的後腿，以暗示其亦步亦趨的動向。

概括的說，政黨的政綱往往囿於空幻虛誇、模稜兩可及官樣文章的格局，這可說是政綱的困境。

儘管政綱的模式常常落於俗套，但也並非總是言之無物的文字遊戲，特別是在緊要關頭，政黨爲開拓新機運起見，往往會提出有力的政綱，藉以爭取民心，創造時勢。例如威爾遜的「新自由」（New Freedom），羅斯福的新政（New Deal），確實都是當年民主黨的政綱中加以強調的政治主張，而這些政治主張是他們獲勝的主要原因。又如一九八〇年的共和黨政綱，亦頗能推陳出新，大致以雷根在經濟及外交方面的構想爲重點，吸引普遍沮喪的選民殷殷寄望。

政綱的演變趨向

晚近以來，政綱的演變趨向，大致可歸納爲三點：

一、以政綱顯示政黨在特定處境中的特色

當今之世，比較合於政治潮流而又具有實力的政黨，就類型觀之，應為杜佛傑（M.Duverger）所稱之「十九世紀中產階級政黨」（如保守黨、自由黨、共和黨、民主黨均屬之），其特質之一是理論色彩淡薄，不發生意識形態之爭，析言之，此等政黨皆以自由民主為共同理念，在基本形象上幾至於無甚差異，故只有針對特定階級或客觀情勢而有所主張，以顯示某一黨的特色，即著意於在政治現實（political reality）中尋求憑藉，開創新局。

二、不迴避對「重大問題」（great issues）的積極反應

凱依教授早年對政綱的評估，所謂「對爭議不決的問題閃爍其詞」之說，已不很切實。審察歐美晚近若干屆的大選，對於某些眾所關切的重大問題，在客觀情勢上，似已不容許政黨緘默，也可以說不容許政黨在政綱中玩弄浮而不實的詞令。政黨有鑒於此，乃不得不借重現代知識，探測潛在的民意，作領先反應（anticipated reaction）。例如一九七二年以尼克森意向為主的共和黨政綱，對於「越戰」問題即曾顯示「以談判代替對抗」及「越戰越南化」的具體主張；一九七五年，英國政黨對於英國在「歐洲共同市場」的去留問題，表現強烈的爭議，終於造成以全國性的複決投票作為定奪。又如一九八〇年的美國大選，以雷根政見為神髓的共和黨政綱，在經濟問題上斷然揭櫫減稅和削減聯邦開支的主張，在軍事和外交問題上強調重振美國聲威，並落實在提高軍費與排斥蘇聯在限武條約上的優勢地位，以及明確表示重行談判的決心。從上述例證中可獲致概括印象，現代政黨在

政綱上的著眼點，已不執著於抽象的理念，而是注重實際政治中攸關國計民生的重大問題，也就是以「問題取向」（issue – orientation）作爲政綱的主要特色。

三、有選擇的標示政績與工作計畫

現代政黨在經驗中的一項共同領悟，即是政綱不宜冗長、臃腫及言不由衷。根據美國蓋洛普民意測驗的早期報告，或因「冗長」之故，看過政綱全文的人只佔百分之七，看過部份政綱的人亦不超過百分之二十。所謂「臃腫」係指政綱的內容過份求全，希望面面俱到，結果徒然沖淡了最爲倚重的著力之點。一般地說，讀政綱的人，多半是粗枝大葉地瀏覽，所謂「祇是看看風向而已」（just want to know the wind blows），能夠引起注意的不過是某些突出之處，對於端緒紛紜的泛泛之談，並無興趣。至於言不由衷或虛無飄渺的文詞，則可能是政綱的另一敗筆，當代政治學者咸認政黨在政綱中作承諾，乃是極其嚴肅的事，切不可予人以大言炎炎而並非出於誠敬之心的感覺。

從往例看執政黨的政綱

略論歐美政黨政綱的演變趨勢後，再試論我國執政黨國民黨的政綱。就執政黨第九次、第十次、及第十一次三次全國代表大會通過的政綱作爲樣本，依循上述的基本認識，略作評估，大體上可獲得幾點印象：

一、體例上的同一模式

即分為（甲）總綱；（乙）建設復興基地；（丙）毀滅匪偽政權（以上為九全大會政綱要目）。十全大會政綱要目為：（甲）總綱；（乙）基地建設；（丙）光復大陸。十一全大會政綱要目為：總綱；建設復興基地；結合海外力量；光復大陸國土。三次的綱目略同，容易予人以籠統、落人俗套或老生常談的印象。

二、條目式的排列要點

九全大會政綱共分為三十五條，十全大會三十六條，十一全大會二十九條。每一條目雖屬反映黨在某一方面的主張，但由於所舉述者僅為概括原則或抽象理念，致無從察知其輕重緩急的次序，也看不出此一作為在特定時間階段的動態與程度如何。茲以三次政綱相關條目的內容（復興基地部份）作對比，當可一目了然：

「厲行法治，獎進廉能，建立政務官責任制度，加強事務官考銓工作，培養服務精神，力求政治革新與進步」（第九次全會政綱第七項）。

「鞏固民主政治功能，維護人權及社會之安定進步」（第十次全會政綱第九項）。

「弘揚民主法治，保障人權自由；發揮監察功能，促進廉能政治；改進考銓制度，擴大延攬人才；健全基層組織，充實地方自治」（第十一次全會政綱第五項）。從民國五十二年十一月到六十五年十一月，三次全會政綱所揭示的有關民主法治的主張，其內涵略同，「厲行法治」、「鞏固民主政治功能」、「弘揚民主法治」，祇是在用字遣詞上稍有變化而已。揆諸實際，第九次全會至第十一次全會，其間經歷十三年之久，執政黨推行民主法治的作為、各別階段的重點工作及其構

想，豈是如此抽象文詞所能闡明者？

三、盡為應然的或規範性的原則，予人以浮而不實之感

綜觀上述三次政綱，其所揭櫫者均為意理上的應然之事，並未指涉實然的動態，無形中造成兩個問題：其一，時態模糊，規範性的原則，似可適用於任何時間，無從分辨不同階段的進展程度；其二，層次不清，蓋政綱中的主張，層次上的高低不同，譬如某些計劃的達成，可能涉及要以制定法律或修改法律為前題，有些舉措祇以行政命令行之即可。設若不分皂白，渾然並列而作為黨的承諾，誠恐難於取信，在政治號召上可能會減損感人的力量。

四、過分求全，沖淡了著力之點

執政黨以往政綱的另一可議之處是過分求全，以至於頭緒紛繁，看不出過去的主要政績如何，現階段或往後銳意從事的重點何在。

幾點意見

以上的評述，大致可引申出下列幾點建議，供執政黨本屆全會策畫政綱的參考：

㈠在格局上不必拘泥於「建設復興基地」「結合海外力量」及「光復大陸國土」的一貫模式；在體制上摒棄條目式堆砌抽象原則的章法。

㈡有選擇的陳述業已達成的具體作為與貢獻（這一點是往昔政綱中的重大疏漏）。

㈢以當前備受關注的「重大問題」爲要目，提示艱難處境，順時應勢，切要地揭示政治號召，並鈎畫現階段的重要主張與作法。

㈣對於應興應革之事，勿圖同時並舉，即不以相等的注意力去面對諸多問題，務必在政綱中顯示著力之點，以求突破，方可塑造大有爲的形象。

平情而論，三十年來，執政的中國國民黨在驚濤駭浪中，逆流而上，如今，業已開創了大好前程。但無可諱言，這個歷史悠久長期執政的黨，成規舊例的負擔是很重的。但願十二全大會能夠把握這不平凡的時機——開國七十年之初，美國新政府湧現道德勇氣，以及大陸人民唾棄共產主義之際，勇敢地締造新猷，不妨以政綱上的突破爲起點，我人拭目以待。

70 年 2 月 16 日《聯合報》

樹立更開明的形象

——「期待中國國民黨再改造」系列專欄

這篇短文，可說是感性的和理性的混合產品。所謂「感性」，是指在紀念蔣公逝世十週年的時刻，對當前國家處境有所感而不能無言；所謂「理性」是指本乎書生良知並忠於專業知識，無所隱諱地向攸關國家安危的執政黨吐露肺腑之言。

三十五年以前，大陸沉淪之後，執政黨蔣總裁秉持重建和再生的決心，在復興基地帶動黨的改造，開創了振衰起危的契機，改造的精神引領執政黨度過重重難關，締造了經濟奇蹟，也奠定了民主憲政的規模，無論是敵是友，都不能不承認這個事實。

體認內外形勢的壓力

回想執政黨改造之際，境遇雖甚艱苦，但就外環境而言，由於自由世界尚能維持堅強反共的意識型態，我國也就有了「吾道不孤」的憑藉；就內環境而言，正因為篳路藍縷，百廢待興，國人大致都能和衷共濟，在價值取向上多以慘淡經營改善生活為職志，參與意願和權力慾望淡薄，管理衆人之事的頭緒就顯得較為單純了。

如今，富強康樂的好景繽紛，可是在安定與繁榮的背後所隱伏的

危機，或不亞於當年。以言大局，世界風雲詭譎多變，反共陣營意識型態的錯亂，帶來了許多困擾，加之，中共謀我日亟，統戰攻勢無孔不入，固然，此等客觀情勢的演變，並非操之在我，不過，年來接二連三的煤礦事件，尤其是劉宜良案和十信案的震撼，無可否認地暴露了責任政治與正當法律程序上的弱點。此外，撇開飽暖之後人慾世風所衍生的問題及行政上的缺失，單就政治面而言，在擴大參與和民主選舉的背景之下，反對的政治勢力步步逼緊，在言論上始終未能忘情於偏激的抗議模式，頻添政治氣候的陰霾。眼前的情勢，執政黨雖可泰然處之，但倘若如許衝擊仍未激發當道大力改革與創新的作為，恐不免會挫折殷切期待的人心，其為害或有甚於不幸事件的本身。

揭示和而不同的理念

如何紓解內外形勢的壓力？執政黨顯然需要具有比改造時期更大的勇氣與智慧。在應興應革的諸多頭緒之中，先談一個根本問題——在因應的策略上尋求突破。

從表面上看，自由民主與國家安全彷彿難以兩全，其實，兩者不相悖離。因應當前情勢，安內即所以攘外，今後，經濟發展的成就之外，若能在民主憲政方面也具有受人稱道的名望，那末在國家安全的依恃上將勝過千軍萬馬。有鑑於此，執政黨應超越流俗的畛域之見，提升策略境界，揭示「和而不同」的理念，確認爭議與杯葛乃是多元社會中無可避免的現象，是以在心態上應作調整，接受反對派必然存在的事實，在政治號召上，重申蔣公「不是敵人，就是朋友」的遺訓，以增進共識，廣結善緣。

　　當然，在野的政治人物，也應當洞察時勢，顧全大局，肯定執政黨既有的成就，作負責任的批評，不走偏鋒。晚近以來，英國政治學界對於在野黨「爲反對而反對」的作風，頗有譏評，稱之爲「仇敵政治」，韓沙德選舉改革委員會調查報告亦有類似的反應，認爲黨派之間的偏激表現，旣無助於民主政治，又有害於國家利益。民主國家崇尚社會利益的調和，以謀最大多數人的最大幸福，儘管衆人的好惡多端，但有一點是衆望所歸的，即大家都想過安和樂利的日子，尤以富足和繁榮的社會爲然。根據美國一九八〇年和一九八四年兩屆大選中的民意測驗顯示，約有三分之二的選民自認爲「溫和而保守」。臺灣地區三十多年來的安定和繁榮，我人雖不確知「溫和而保守」的選民有多少，但假設這些人佔了多數，應無問題。在大多數人依戀現狀的社會中，政治上的偏激路線是走不通的。明乎此，在野的反對派即使只爲本身的政治前途著想，也得講求理性的訴求方式，摒棄譁衆取寵的作風，只有彼此自律才能化解對立的僵局。

以自我批評開創新局

　　審察當代政治現象，在政治上常有保守的與激進的（俗稱偏右的與偏左的）、在朝的與在野的（即多數與少數）路線之爭，這可說是天下擾攘的癥結之一。一般地說，由於黨派爭衡，對時政常有怨聲，往往會助長民間不滿政治現實的情緒，西方學者指出舉世的當政者目前都在此「不滿的嚴冬」之中，感受到不同程度的寒意。

　　執政黨在長期執政的過程中，固然有不可輕視的作爲，但管理衆人之事豈能盡如人意？是以在消極方面所承受的非議和怨謗，日積月

累，其負擔之重是可以想見的。在黨外雜誌尖銳的刺激之下，官方的反應，不外乎辯解與反擊，於是目前輿論界有兩種偏向：其一是高唱自由民主但卻充滿激越之情和暴戾之氣的言論，另一方面，則是趨奉當道曲意逢迎力主撻伐異端的言論，形成涇渭分明的壁壘。長此以往，「和而不同」的議論，兩面不討好，自難有容身之地了，這不能不說是自由中國民主憲政的一大隱憂！

英儒吉寧斯有言：「真正的民主人士首先要警覺自己可能有錯」，此語雖甚平淡，但對民主的精義刻畫至深。在現狀的基礎上，執政黨若一味因循辯解與反擊的策略，徒然予人以護短或欠缺雅量的感覺，且在論調上徘徊於迴護和訓斥之間，難有新義，對水準漸高期許日甚的大眾而言，興味缺缺，因而可能予嘻笑怒罵的反對言論以可乘之機。這對於民主的政治教育而言，委實可慮。故要扭轉此一偏差，重振黨的感召力，莫若謙沖克己，刻意樹立自我批評的風範，除反共復國的基本立場外，對於有關政策及行政措施的可議之處，皆可透過報章雜誌等傳播媒介，或利用議壇答詢的場合，接受評價，勇於認錯；舉凡可取的議論及批評，包括逆耳忠言，縱然是出於黨外人士之口，亦當誠心接納。這種克己容人的風格，必能令人耳目一新。同時，在不偏不倚不隱不諱的平實作風獲得公眾信賴之後，自可破除偏激言論的神秘性，那時候，反對派就不得不有所節制，民主憲政也就能在和風細雨中成長了。

執政黨一旦塑造更開明的形象，則內政外交都會生機蓬勃，美不勝收。

74 年 4 月 6 日《自立晚報》

寬容・溫和・折衷

——爲促成政治改革對朝野的期許

　　各方矚目的有關解除戒嚴及政治社團結社兩案，業已確定。這個訊息委實令人興奮，也令人欣慰！執政黨果然不負衆望，發揮成熟的政治智慧，忍讓爲國，使眼前的政治局面峰迴路轉，充分顯示其執著於民主的定向與肆應衝擊的調適能力，爲憲政開展了新的里程。

什麼是眞正的難題

　　解嚴及開放政治社團結社的原則已定，但對於有關法制之擬訂與取捨，勢將成爲爭論的焦點。析言之，十二人小組所提供的方案，自局外視之，祇是執政黨的內部作業，未必能爲在野的政團所接納，且各方對政治改革的期許過高，主其事者不論作何抉擇，都不易盡如人意。例如有關政治社團結社的規範問題，你說只要修訂「人民團體組織法」及「選舉罷免法」即可，他說一定要制定「政黨法」才行，就算制訂「政黨法」吧，其內容如何？規範的尺度又如何？恐怕還是會出現爭論不休的局面。

　　嚴格地說，政治活動是很難全然憑藉法律來約制的，設若此等法律規範巨細不遺，則可能治絲愈棼，而民主政治的活力亦將因而減

退。同時，政黨如不能在民意的呵護下安身立命，祗依恃法律保障權益，其命途如何就可想而知了，這或許是極大多數國家不崇尚「政黨法」的重要原因。

政治改革案的肯定是重大突破，後續的法制建構工作亦相當艱難，然而，我人以爲問題的關鍵不在於究竟採擇何種形式的法制，其內容的商酌折衝也不是不能協議的，最重要的還是任事者的認知與態度問題，基本上，能否認清現代政治爲「多重利益的政治」（multi-interest politics），如何才符合「最大多數人的最大幸福」；又各方能否秉持寬容和讓步的誠敬之心，所謂「易地以處，平心而度之」，從而達成勉可成事的共識。

兼顧潮流與處境

盱衡當代政治形勢，在參與擴大的世界潮流之下，民主成爲沛然莫之能禦的主流。另一方面，天下擾攘，國家安全受到普遍的關切，尤以發展中的國家爲然。而我國當前的政治際遇，可說就是在處境不能無憂的情況下，追求民主憲政。

達成共識既是政治改革成事的關鍵，則推動改革與支持改革的人，在「能見其大」的認知中，應兼顧時代潮流與國家處境。揣摩國人的意願，最具代表性的心聲，想必是「國家安全我所欲也，自由民主亦我所欲也」。如二者不可兼得，捨自由民主而取國家安全的論調，似可言之成理，惟從「不自由毋寧死」的角度言，爲之奮不顧身者亦大有人在。孰重孰輕的爭論，是大可不必的，因爲這畢竟不是魚與熊掌可比，也由不得我隨意取捨。其實，這兩種價值觀，也不一定會顧

此失彼。

　　就我國的處境而言，國家安全的重要性，確乎是無可代替，但衡諸國策亦當體認民主憲政已成爲國家安全的支柱。竊嘗言之，今後，經濟發展的成就之外，若能在民主憲政方面也具有受人稱道的名望，那末在國家安全的依恃上將勝過千軍萬馬。不過，處境如此，豈可掉以輕心？臺灣地區可說是安定而非昇平，故民主憲政的發展，寧可採取漸進的策略，期許累積的成就。當今之世，多少發展中國家，以激越之情追求自由民主，由於穩不住腳步，其結果是「心比天高，命如紙薄」，可爲管理衆人之事者戒。

先做幾件令人激賞的事

　　此時此際，無黨籍政團因突破性進展而自得自喜之餘，應警覺自身所承受的壓力，或不亞於執政黨所承受者。蓋執政黨業已接受反對派必然存在的事實，在幾無迴旋餘地的考驗中，以冷靜、寬容的態度，跨越了政治衝突的陷阱，如此顧全大局，確乎是博得好評的。而無黨籍政團似乎只著意於考驗別人，尚未自覺正在接受何種考驗。

　　政治上的「勢」，往往不是政治理念或是身在其中的人所能左右的，今「勢」已先發，猶如先天不足的早產兒（恕我比喻不雅），在養育的條件上，顯得格外困難。平情而論，無黨籍人士一面與執政黨溝通，一面斷然成立公政會分會，又一面進行所謂「五一九綠色運動」，然後此落彼起，直到以林正杰案爲由，展開一連串的反體制的街頭訴求，以至於九月廿八日突然宣布組黨，其間可謂馬不停蹄，爲「黨外運動」而橫衝直撞，迄未遑顧及內部需要整合（從黨外後援會

陸續有人退席，謝長廷感嘆黨外需要民主教育的事例，可見一斑）。固然，響應政黨政治者，並不反對在適當時機有新政黨誕生，但倉卒之間，對於組黨者是否值得信賴？所組成的是什麼樣的黨？會不會對既有的安和樂利帶來厄運？不免會感到茫然。職是之故，無黨籍政團應在時間上留有餘地，作經之營之的策劃，不必栖栖遑遑急於戴上政黨的冠冕，要想到大多數選民還沒看清它的模樣，怎樣衷心接納？所以最明智的莫過於先做幾件令人激賞的事，以今是昨非的心境，樹立新的形象。

　　第一件該做的事，是正式宣佈組黨時停留在籌備階段。年底選舉仍以公政會之名從事競選活動。這非意謂著退縮，而是從容地作可大可久的準備。英國歷史學家湯恩比（Toynbee）在《歷史研究》（*A Study of History*）的巨著中，對懷有深心大志者提示一項忠言，即有時要懂得急流勇退，以蘊育再圖進取之計，所謂 "withdraw and return"，值得體會。

　　另一件要緊的事，是嚴正地肯定民主政黨的溫和路線。研究政黨極負盛名的學者羅西特曾有名言：「政黨不講溫和與折衷，不成其為政黨」（no parties without moderation and compromise）。放眼天下，民主潮流已導致極端黨派的沒落，蓋安定與繁榮社會中的人民，大多依戀現狀，樂於欣賞政黨及政治人溫和與平實的作風，故民主憲政規範之下的政黨，在揭示政綱政見之際，通常總是力求溫和，不作驚人之論，排除偏狹和尖銳的言詞。一九六四年的美國總統選舉，高華德在接受提名的演說中，講了「以極端主義保衛自由，不是罪惡，以溫和方法求取正義，並非善德」的話，「極端主義」（extremism）一詞，竟招致群起而攻之的風波，被認為是造成高氏「出師未捷身先死」的

最大敗筆，有志獻身於民主政黨者當引爲炯戒。

　　目前海外的極端份子意圖染指國內籌組中的新政黨，脫胎於「臺灣革命黨」的「臺灣民主黨」，在「遷黨回臺」無望之後，轉而認同於「民主進步黨」，甘爲「海外支部」，日來又易名「海外組織」，其居心如何，可謂路人皆知。無黨籍人士尤淸之聲明，等於未置可否，但不可能長此延宕。易言之，籌組中的黨，正面臨「成份」和「路線」的考驗。倘若果眞服膺爲國爲民的理想及民主憲政的立場，此刻應即昭告海內外，忠於國家，認同反共國策，絕對不接納極端份子，並與臺獨及共黨的同路人劃淸界線，以袪除國人心中的疑慮。至於部分無黨籍人士謂「有些人與臺獨組織中個人有血緣關係，故只能與臺獨組織劃淸界線」云云，在認知上顯有差誤，蓋「臺獨」一詞，係泛指藉地域意識搞分離主義的行徑而言，即使在形式上不具組織規模，或不在特定組織之中的個人，亦可從事臺獨活動，遂行此一陰謀，故無黨籍人士籌組之政黨，爲杜絕非議，實不宜拘泥於只與臺獨組織劃淸界限之說。再者，所謂血緣關係與當事人之政治行爲是兩回事，換言之，「劃淸界限」也者，乃是不認同於身爲臺獨的關係人。

　　此外，還有一張「是不爲也，非不能也」的形象牌，無黨籍人士可以操作而必能贏得喝采的，也可爲政治和諧做一件立竿見影的事，即檢點所有黨外刊物，收斂偏激言論。憑良心說，有些黨外雜誌的荒謬言論，已然不堪入目，諸如「黨外造反有理」、「讓『中華民國』消失！」等，何止是反政府，豈不是也污衊了黨外政團？也刺痛了全國人的心？要組黨，就得有反映「黨章」和「黨綱」的言論，否則，國人就會從言論去判定所組成的是什麼黨。再者，爲有利於溝通並得以妥協的政治氣候，亦應有此項建設性作爲。當然，這並非片面的要求

無黨籍人士作聖作賢，執政黨亦當重行檢討報刊言論有無以牙還牙的偏頗之處。筆者曾於紀念蔣公逝世十週年的專文中諫勸執政黨云：「英儒吉寧斯有言：『眞正的民主人士，首先要警覺自己可能有錯』……在現狀的基礎上，執政黨若一味因循辯解與反擊的策略，徒然予人以護短或欠缺雅量的感覺，且在論調上徘徊於迴護和訓斥之間，難有新義，對水準漸高期許日甚的大眾而言，興味缺缺，因而可能予喜笑怒罵的反對言論以可乘之機。這對於民主的政治教育而言，委實可慮。故要扭轉此一偏差，重振黨的感召力，莫若謙沖克己，刻意樹立自我批評的風範，除反共復國的基本立場外，對於有關政策及行政措施的可議之處，皆可透過報章雜誌等傳播媒介，或利用議壇答詢的場合，接受評價，勇於認錯；舉凡可取的議論及批評，包括逆耳忠言，縱然是出於黨外人士之口，亦當誠心接納。」此番又以逆耳忠言，奉勸無黨籍人士，亦當謙沖克己，方能爲別人所接納。政治行爲是互動的，我人以爲此刻雙方都面臨轉捩點，也都面臨考驗。執政黨已有一再忍讓的表現，大家也盼望無黨籍人士亦有理性的回應。

走筆至此，願再贅數語，政治上的粉墨總會剝落的，新人會變成舊人，新黨也會變成舊黨，到頭來還是要在平實之中接受評價，來決定興衰成敗。

74 年 10 月 16 日《中央日報》

得其中可化暴戾爲祥和

———爲紓解政治溝通之癥結進言

執政黨蔣主席爲促進政治和諧所作的剴切指示，帶動了黨內外推誠相見的溝通，公政會設立分會的問題得以解決，也因而緩和了對峙僵局之下的政治緊張，這確乎是化暴戾爲祥和的轉捩點，令人欣慰！然而，已有的接觸與諒解，對於長遠的政治和諧而言，只能算是開其端，如何更上層樓，瞻望前景，恐怕仍甚崎嶇，蓋三十年來鬱結的陰霾，求其於一夕之間豁然開朗，自難如願，但設若果眞確認這一點作爲，業已開啓了峰迴路轉的契機，那末執政黨與無黨派人士就該格外珍惜，好自爲之。

現在，黨內外攸關憲政命運的人士，亟宜把握此一大有可爲的時機，作嚴肅的省思，果敢地調整心態與步履，共同爲民主憲政締造新猷。

執政黨與無黨籍人士，在這次溝通的具體協議之中，雙方雖均肯定以實施憲政爲國家發展的基礎，但對國家處境上的認知是頗有差距的，執政黨的基本立場是強調國家的處境非常，故戡亂時期的法制自屬必要，戒嚴、黨禁等規定亦理所當然；而無黨籍人士則堅持憲政即是貫徹憲法的實施，力主廢除戡亂時期臨時條款、中止戒嚴，及取消黨禁。可見對國家處境的認知，雙方不僅未能建立共識，且有兩極化

的歧異。

平情而論，臺灣地區三十多年來的安定與繁榮，很容易予人以昇平的感受，可是中共的威脅和臺獨的分化，盱衡客觀情勢，即使只求偏安亦不可得，自然不可認定是承平時期的處境了。不過，我國既秉持反共必須民主的原則，而民主就得致力於造就開放的社會，擴大政治參與，及增進人民的自由與權利。況且當前情勢與民國三十八、九年宣布戒嚴之際的處境，已大不相同，自不宜一味以戰時為由，對於三十多年前的法制措施，固執不移，而是應當作全盤的檢討，在不妨害國家安全的前提之下，力求修改與更新，使其更能符合民主憲政的規範。

無黨籍人士或許基於挑戰者的立場，對國家處境的認知，似完全本乎平時憲法的理念，常以先進民主國家為標準，抨擊政府不守憲法和不夠民主，其實，倘若我國並非平時處境的認知無誤，依循民主國家因應非常時期需要之先例，標榜自由民主，亦應有所節制。今後甚盼黨外人士對於國家體制和法制上的看法，能與執政黨達成共識，批評其值得批評之處，不作全盤否定，以表現負責任的反對者之氣度。

執政黨同意公政會設立分會的舉措，對照以往的作風，不能不說是一大讓步，也可說是容忍之道的突破性表現。但光是容忍和讓步是不夠的，還要針對國人所關注的重大課題，亦即黨外歷來引為話柄而常作強烈批評的課題，諸如戒嚴、中央民意機構調整、及地方自治法制化等，切實研議解決的方案，不可多作辯解與拖延，須知只要實心從事，必能獲致社會的好評，則反對勢力當可望漸趨於理性化。

從表面上看，自由民主與國家安全彷彿難以兩全，其實，兩者不相悖離，因應當前情勢，安內即所以攘外，今後，經濟發展的成就之

外，若能在民主憲政方面也能有受人稱道的名望，則在國家安全的依恃上將勝過千軍萬馬。有鑒於此，執政黨應不逃避上述攸關民主憲政的重大課題，並接受反對派必然存在的事實，以突破性的變革和受人激賞的作為，提升政治聲望，以迫使對手走上溫和與平實的路線。

無黨籍人士，今後應擺脫草莽時期的心態，摒棄為反對而反對的作風，特別是在公政會設立分會之後，首要之圖，當為內部的整合，然後以清新的形象，表現政見取向，而不是感情用事的訴求。

我總覺得黨外的路線之爭，不能不受客觀情勢的約制，如今，執政黨既已肯定公政會的地位，無黨籍人士當慎思明辨，今後在路線上的選擇，不可縱情任性，要認清所遵循的應為「體制內的改革」，而非「改革體制」。

美國一九八〇年和一九八四年的大選，民意測驗顯示，約有三分之二的選民自認為「溫和而保守」，臺灣地區三十多年來的安定和進步，社會的繁榮，人民的富足，乃是有目共睹的事，我人雖不確知溫和而保守的選民有多少，惟就常情估計，假設這些人佔多數應該是沒有問題的，析言之，珍惜既得福利而依戀現狀的人佔了大多數，自然只能接受溫和改革，而「對抗」的政治運動顯然是生機渺茫。

總之，執政黨與無黨籍人士，都應當體認容忍之道在於不過份求全，要懂得折衷，才能避免破碎，也才能在和風細雨中逐漸成長，我人以為，得其中可化暴戾為祥和，西方有一句意味深長的格言：「好，有時候比最好還好」，最能表達折衷為好的精義。

75 年 5 月 14 日 《聯合報》

「容忍比自由更重要」釋義

「容忍比自由更重要」，乃是胡適的名言，這句話出於一位自由主義者之口，似乎不很自然，甚至有點費解，有人從而懷疑胡先生晚年思想趨於保守，說他改變了一貫擁護自由民主的態度，失落了早期的清流風範。

這篇短文係本乎胡先生所言「爲人辯冤白謗是第一天理」的心情，略作闡釋與辯正。再者，目前國人正關注朝野溝通以緩和日益升高的政治緊張，倘能體念「容忍比自由更重要」的眞正意涵，或有助於促使偏執而不相容的政治氣候漸趨開朗。

容忍是自由的命脈

從字面上看，說容忍比自由重要，恐爲熱愛自由之士所不取，蓋流俗之見，往往是將「容忍」與「自由」對立起來看的，總以爲「容忍」會減損「自由」的光彩，權衡兩者孰重孰輕之際，自然而然地會想到「生命誠可貴，愛情價更高，若爲自由故，二者皆可拋」；以及「不自由，毋寧死」等教訓，便覺自由的重要性，無可比擬。殊不知這是在平面上的對比，對比上的價值判斷，在尚未指涉「容忍比自由更重要」的命題之前，就先有了誤解。

胡適說「容忍比自由更重要」這句話，並無貶抑自由之意，這一點，大致可以從他的思想與作風得到印證。基本上，應知胡先生是漸進的改良主義者，而不是一位革命家，他酷愛自由，但從不流於狂熱，總是很理性的把握分際，秉持中和的立場，是以他始終默存既要反對自由之被壓制又要防範其被濫用的心態，明乎此，當可認知容忍與自由是不相排斥的，甚且在理性的基礎上，說容忍有助於自由的維護，亦不爲過。試想，設若不講容忍而縱情任性的追求自由，是否會招致自由之破碎？十六世紀，英國思想家霍布斯有感於當時的政治動亂，乃設想太古之時，自然社會中的人，爲求自保（self－preservation）而任意自由行動，必然會造成人人自危的恐怖狀態。即使是被譽爲「自由之父」的洛克，亦曾爲「容忍」立說（著有 *Letters on Toleration*）；又廁身「衝動的時代」而自稱「自由之使徒」的盧梭於卓然成家之後，其所以不再歌頌「天然的自由」而著意於尋求「文明的自由」，即有鑒於無拘無束的自由不復見，現實社會中自由的取得與保全，不得不遵循理性的規範，何異暗示容忍爲自由之命脈？尤其是當今的多元社會，在在都是利害之爭、黨派之爭，及意識型態之爭，政治人如固執本位，過份求全，適足以償事，至少是不易成事，折衷以求其次，或爲上策。此一理念，很可以矯治「寧爲玉碎」的孤注一擲之想，這也可以說是以容忍孕育自由的生機。

重視自由而有虧於容忍

審察近代的民權運動，爲自由獻身的人，往往有虧於容忍，在近世紀的思想史上，這種事例可謂比比皆然。英國思想家柏克（Edmund Burke）原先對於標榜「自由、平等、博愛」的法國革命深表同情，可是後來當他發現革命黨人雖高唱自由口號，但欠缺容忍精神，一味排除異己，可說是自由其名，暴虐其實，柏克乃於翌年（1790）刊印《對法國革命的反應》（*Reflections on Revolution in France*）一書，轉而對法國革命抱持抗議的態度。

　　柏克的仁恕之心和排斥自由流於放縱的嚴正表示，似可作爲容忍的重要性有甚於自由的歷史見證。基於「容忍比自由更重要」之說，而誤解胡適的自由思想趨於消退的人，顯然未能欣賞此說的言外之意。大家都知道，胡先生是一位自由主義者，同時，他也是一位經驗主義者或實驗主義者，他深切體認「善未易明，理未易察」的道理，故提倡應尊重見仁見智的見解，他希望不同思想與信仰的人，都能寬容相待，他勸大家認淸，我們眞正的敵人是「成見」、是「武斷」、是「自以爲是」，崇尙這種理念的人，說了「容忍比自由更重要」的話，不是很自然嗎？析言之，胡先生強調容忍比自由重要，不過是有感於世人尤其是國人重視自由而有虧於容忍，故作此言。

誰容忍和對誰容忍

　　自由論者的另一項偏執，總以爲容忍祇是要被統治者逆來順受，即曾有人揣摩，胡適的那句話是針對爭自由的人民而言。平情而論，若依循胡先生的思想和作風來評估，不難領會他所強調的「容忍」，一方面是對言論界而發；另一方面，亦是對政府及握有權力的人而發。記得當年胡先生曾對新出版法有所批評，並謂自由不是別人的恩賜，而是必須努力爭取得來。但是，當言論界趨於偏激之時，他又深

表關切，提倡「負責任的言論」，並且主張說話要講方法，要說得
「順耳」，讓對方聽得進去，才能教人家心悅誠服。不同境遇的兩種相
對論調，以致一部分人覺得他與權威挑戰而不安，另一部人則覺得他
與權威妥協而不喜。然而，知胡先生者，應可體會他兼顧自由與容忍
之苦心，以及他談容忍並非片面的只在壓抑爭取自由的人士，也就是
說，「容忍比自由更重要」的籲求，在對象上自然也包括管理眾人之
事的政治權威。政治學者雷尼（Austin Ranney）有言：「民主政治要
求少數理性的接受多數的決定，但少數的順從一部分則是基於多數的
容忍」，更確切的說，容忍不是片面的付出，意見之爭的各方都具有
容忍的心境，政治和諧才有可能，也才能期盼自由民主的繁花碩果。
否則，由於任何一方缺乏同情的瞭解，固執本位立場而不讓步，便可
能為自由民主蒙上一層陰影。以言論自由來說，壓抑言論只有使人心
更趨於偏激，同時，言論的偏激亦易於導致另一方壓抑的衝動。胡適
是一位素性仁厚的開明之士，其為人或論政，向不主張以力服人，自
不會獨厚於政治權威，而苛求被治者的聽天由命。他在飽經風霜之
後，強調容忍的重要，正所以反映其成熟的自由觀念，豈可因他未曾
以火辣辣的言詞鼓舞自由鬥士，就懷疑他對自由的熱誠？說他只要求
小民對官府容忍？

結　語

胡先生駕鶴西歸已經廿四個年頭了，他所喜愛的「容忍比自由更
重要」這句話，仍然沒有落地生根。目前，國內言論界似有兩種偏
向，其一是標榜自由民主但卻充滿激越之情和暴戾之氣的言論；另一

方面，則是趨奉威權並力主撻伐異端的言論。且不論各別的是非曲直，在意理上和態度上顯然皆與容忍精神背道而馳，形成針鋒相對的壁壘。長此以往，「和而不同」的清議，兩面不討好，自難有容身之地了，這不能不說是自由中國民主憲政的一大隱憂！

　　爭取自由而有虧於容忍，恐爲天下擾攘的一大癥結，英國政治學者范諾（S.E. Finer）近著《仇敵政治》（*Adversary Politics*）一書，對當代政治的危機刻畫至深，考其寓意，無非是諷示世人，民主政治以和爲貴，不可走偏鋒。今爲「容忍比自由更重要」作詮釋，祇是希望大師的名言不被誤解，亦有感於當前言論界越來越悖離胡先生的期望，乃略抒所見，明知無補涓埃，不過求心之所安而已。

75 年 6 月 《聯合月刊》 第 59 期

決策人才的培養與羅致

執政黨蔣主席經國先生，在八月二十日中常會的談話，對於執政黨當前所擔負的責任，國家建設政策的研訂，以及管理眾人之事者的作風等等，都有剴切的鍼砭與提示，委實發人深省，其間特別強調「我們應從廣面及縱深去研討國家建設的政策……對各種複雜的問題作成客觀、正確的判斷」。這個提示更是切中時弊，最能引發國人的共鳴。

然而，政策的研訂，不只是該怎麼樣的問題，更重要的是如何能夠的問題。竊嘗思之，倘若在現狀的基礎上，一切條件不變，則蔣主席的諄諄告誡，恐怕也無補於事。檢點決策過程中的種種相關因素，最基本和最切要的莫過於人才問題，我人雖不確知參與決策的人力結構如何，參與者及其作業的品質又如何，但一般的印象，總覺得完整的決策體系似付闕如，政策的研訂，仍局限於政治系統的內圈（inner-circle），而內圈之中，參與決策者認知廣袤而深遠的人有多少？令人關切。

揆諸通則，政策的研訂，要合乎全民福祉及時代的潮流，落實的說，一方面要從全盤著眼，所謂能見其大；一方面又要從長遠打算，即在認知上要具有前瞻性，不可因利乘便，只顧眼前。前者即是蔣主席所說的「廣面」，後者則是「縱深」，兩者相輔相成，而共同的要求

是要因「勢」和適「時」。政治學者費里德奇（Carl Friedrich）提出之「領先反應法則」，可說是政策研訂的重要策略，依循此一理念，決策者能否洞燭機先，在情勢尚未明朗之前，默察客觀需求，領先地作明智的判斷與抉擇，實爲該項政策成敗的關鍵。

如不諱言，近年來若干公共政策之所以招致非議，大致皆有虧於「領先反應法則」。最常見者，厥爲政策制定的缺乏前瞻性，在在流露被動因應或臨渴掘井的窘境，甚至很像是率爾定計，行不通時，再更張於倉卒之間，顯示任事者的觀察與判斷不夠敏銳，政策評估的作業不夠嚴謹，因而步履蹣跚，飄忽不定，及至政策招致詬病之際，各方的公信力乃不免趨於低落。可見政策反應的遲緩，其後果或無異於政策的錯誤。

說到「領先反應法則」的把握，還是要觸及人才問題。決策人才的培養，所牽涉的問題很多，這裡只強調一點，即人才能不能成爲人才，任事者本身的才能固然要緊，其所廁身的環境，也會大有關係。譬如我們所期許的人才，一旦進入一個政治系統或組織結構，由於政治氣候的影響，很可能使原本可以大用的人才，結果變成畏畏縮縮、多所顧忌，而不能展露才華。有人以「身不由主，言不由衷」的字樣，形容官場中人的無奈；果如此，則人才亦將成爲鄉愿，蔣主席所指的「優柔寡斷，唯唯諾諾的工作態度」，未必只因任事者的無能，或許是機關中的積習與風氣使然。故根本之計，要有開放的社會，廣闊的言路，人才方有源頭活水，也才能在參與決策的過程中，表現辯正的勇氣和負責的態度，在消極方面，也才能祛除虛矯之風。

轉換臣屬文化的質地，雖然不是旦夕可期的事，但不妨以突破的改革，開拓新的氣象。例如在決策過程中，鼓勵討論，加強評估，勿

使強烈的批評皆出於反對者之口，則風氣或許會因而丕變。總之，培養決策層次的人才，除了增加教育投資、建立高級人力檔案等設施外，還要特別著意於行政學者雷格斯（Fred W. Riggs）所說的「生態轉換」，充份授權，激勵富有創造性的作為，擺脫奉命行事與照例辦事的作風。

上述人才的培養之道，除了發掘及培植新秀之外，保全既有的人才，也是一大挑戰。誠以政務官為例，如作一調查研究，估算其工作日程，在鉅細不遺的例行公事之外，是否還能保持清明地策畫定計？不無疑問。前些年在美國甚為暢銷的《彼得原理》（Peter's Principle）一書中說，在職人員不論是身在行政部門或事業機構，常年面對固定工作，不免會產生倦怠之感，創意缺缺，因而有才能衰退的趨向。職是之故，如何使既有的決策人才不在繁劇中失落靈氣與活力，並且還能有餘暇吸收新知，有豁達的心境深思熟慮，尤為當務之急。

另一要項是羅致或引用人才，其重要性實不亞於培養人才。我人以為在設想上先要打破但求人才進入政府的觀念，因為常設組織容納成員是有其限度的，目前機關員額膨脹，乃有目共睹。且人才入幕之後又不免因多所顧忌而使才能減色。因此，羅致或引用人才的策略，似可以考慮專案編組的構想，簡言之，決策層次的用人，不必囿於政府編制之中，而是參照先進國家政黨競選組織的經驗。例如美國大選的政治動員，競選總部除了以政黨為骨幹之外，環繞著總統候選人的另有相當龐大的顧問體系，所羅致的學者專家，皆為一時之選，分別針對選舉年的重大問題，作成具有不同特色的政策性方案，供政黨及其候選人採擇，選舉過後，這個體系即行解散。

　　這種運用專案編組羅致人才以參與決策的模式，既可造就參與的政治文化，又可免除組織腫大的沉重負擔，抑有進者，如此則學優不必入仕，但可為知己者用，諤諤之士的風骨得以保持，這對於當前的政風與學風而言，都是好事。

75 年 9 月 7 日《聯合報》

攸關治亂的抉擇

———對當前政治改革方案的省思

執政黨研議政治改革方案，結論如何，尚未塵埃落定。六大議題之中，中央民意機構調整主題，將留待年底選舉過後再行研議，社會風氣與治安部份未見具體輪廓，至於解嚴、組黨及地方自治法治化三大課題，個別因應方案並列，只等十二人小組的取捨定奪了。決策大計何去何從？關心國是者莫不屏息以待，因為行將揭曉者顯然是攸關治亂的抉擇，其中尤以組黨問題為然。

開放組黨的得失評估

報載研議有關組黨問題不外四項方案：㈠制定政黨法，開放黨禁；㈡不制定政黨法，允許組黨，從事政治活動；㈢不開放組黨，但使得公政會取得合法地位；㈣不開放組黨，亦不允許公政會合法活動。就民主憲政的常軌而言，應以第一項或第二項方案為上策，然而，審查眼前政治氣候，恐不易過關。第四方案表面上穩妥可靠，不過，跟積極推動民主憲政的形勢背道而馳，實為下策。第三方案並不理想，但卻暗合漸進和成長的義理，如黨外勉可接納，可稱中策。

憲法明定人民有集會結社的自由，倘若斷然不准組黨，必定會引

起強烈的反感，或許是由於這種反感的長期累積，當前發展中國家，反對勢力要求組黨的情緒格外高漲，從而在民間造成一種「迷思」，彷彿反對黨是民主政治的靈藥，殊不知黨爭猶如兩面有刃的劍，它可以相互約制和競爭產生良性的作用；另一方面，也可能升高政治緊張，導致衝突與騷亂。

平情而論，探討組黨問題，民主理念之外，還要兼顧實際政治的環境。英國之所以在第二次大戰期間有所謂「政黨休戰」，即是非常處境約束民主通則的先例；法國第四共和由於黨派傾軋，致政局飄搖，吃盡苦頭之後，乃收斂奔放的自由民主，於一九五八年簇擁強人戴高樂上臺，修改憲法，開創第五共和，抑制了多黨爭衡擾攘不已的風潮。

臺灣地區長期安定繁榮，政治參與的企圖心漸趨旺盛，毋寧說是很自然的事。黨外組黨，政府若一味加以封殺，恐格外升高反對運動和激化政治衝突；另一方面，在野的政治勢力不宜只為突破禁忌而組黨，即為自身的利益計，亦當慎作抉擇。

澄清政黨制度的誤解

時下的流行觀念，總覺得只要國民黨肯放手，黨禁一開，我國的政黨政治即可展現。根據九月廿日《聯合報》刊載「中央社」華盛頓十八日專電，美東地區的學人丘宏達、許倬雲和余英時，對自由中國的政治發展深表關切，該電末段有言：「這三位學者一致表示，在開放組黨方面，國民黨亦可考慮放鬆，他們認為，實施多黨制，有利的將是國民黨，以國民黨現有的力量，即使開放了黨禁，國民黨諒必仍

是多數黨……」開放組黨之後，對誰有利？且待下文分析。單就「實施多黨制」一語，即隱含概念上的誤解。按多黨並不等於多黨制（multiparty system），一言以蔽之，即在若干政黨之中，無一黨能單獨掌握可恃的多數（workable majority），如欲當政必須寄望於某些政黨的聯合，方可勉力從事。集會結社乃憲法所賦予的自由，往後組黨的浪潮難以遏制，似可預卜，然而，政黨雖多，卻並非多黨制的降臨，蓋執政的中國國民黨，在可見的未來，仍將是一黨獨大，我國政黨政治的格局，仍將是一大黨數小黨的型態，可見「實施多黨制」之說，顯然是認知上的差誤。

多黨與多黨制是兩回事，經驗上亦可見證，回首前塵，我國政黨發展的旺季，一為民國初年，二為抗戰期間，均曾風行組黨，也都有多黨的事實，但皆未留下多黨制的蹤跡，或許是時勢使然，目前組黨的風潮又起，今昔背景雖有差異，但大黨橫互期間佔盡優勢的情況，並無二致，故儘管可在一夕之間出現多黨，可是多黨制的生機仍舊渺茫。

解除黨禁對誰有利

丘宏達、許倬雲和余英時等學者認為開放組黨之後，最有利的將是國民黨，因而勸說不妨解禁。

開放組黨有利的判斷，是不難理解的，黨禁一開，有志於民主事業者，或有心在政治上出人頭地者，得償組黨夙願，都將如脫韁之馬，而小黨林立結果，必然削弱在野的勢力，同時，整合力原本薄弱的無黨派集團，基於國人「寧為雞首不為牛後」的習性，屆時究竟成

爲一黨或若干黨，尚在未定之天，這般群雄並起各自爲政的格局，以歷史悠久組織龐大的國民黨與之周旋，豈非穩操勝券？

不過，這是從黨派之爭的角度爲國民黨謀的估算，若是換個角度，爲大局設想，黨派蠭起的變局，常有導致紛亂和凶險之虞。析言之，小黨林立將分化黨外陣營，挫折衍生怨忿，則冷靜而溫和的路線必將更爲蕭條；反對黨廟堂問政的實力不足，只得憑藉街頭抗爭，於是譁衆取寵者有之，遊走暴力邊緣者有之，則政治社會但見暴戾，不見祥和，英儒所稱之「仇敵政治」就會應運而生。對全民而言，是利是弊，是福是禍？當可不辯自明了。

誠然，開放組黨，在形勢上，確乎是對國民黨有利，然而，黨派紛爭的結果，一旦臺灣亂了，恐怕對國民黨有利的邏輯亦將了無意義。可是政治並不全然是講道理的，默察眼前的政治氣候，黨外組黨，已如箭在弦上，長期執政的國民黨，在心態上應有所調整，要有因應變局的氣度。換句話說，接受在野黨挑戰是遲早的事，切不可依恃威權以峻拒之。另一方面，也要奉勸黨外集團，「留得青山在」，不可爭一時意氣，當前要緊的是爲可大可久的民主政黨作準備，摒棄草莽氣息，肯定溫和路線的定向，並與海外的極端派劃清界限。

人事微妙，執政黨揭櫫國家安全的令牌，黨禁遲遲未開，無形中卻掩護黨外集團不遭分化，從而奠定其穩健進展的基業，這或許就是我國政黨政治的基業。如今，風起雲湧之後的大局如何，是驚濤駭浪？還是水到渠成？端視朝野政治人懂不懂得珍惜此一契機而好自爲之了。

75 年 9 月 24 日 《聯合報》

雙方都贏的策略

——平議立法院國安法之爭

國安法草案，從年初進入立法院以來，轉眼已經四個多月了，其間雖然經歷聽證和反覆研議的過程，對於草案中易於遭致爭議之處，亦有所修正，使此一原本並不嚴峻的法律規範，更爲明確清簡。可是民進黨始終強烈反對國安法的制訂，採取全盤否定的立場，此項法案乃因而擱淺。執政黨爲了要實現解嚴的承諾，自不能長久容忍這種僵局，不得已或許會以表決完成立法程序，屆時民進黨必然氣憤「多數壓迫少數」，其黨內的激進派將更爲得勢，則街頭訴求在所難免，甚至會引發政治衝突，關心國事的人，能不爲之憂心忡忡？

平情而論，國安法該不該或要不要制訂，乃是政治上的判斷問題，認爲國安法不必要的人，也許有其可取的見解，故據理力爭，自屬無可厚非，但主張解嚴後不可無國安法並引領而望的人，也大有人在。肯定議會路線者，亦當同時肯定寬容與折衷的理念，面對立法的爭端，實不宜固執全有全無（all or nothing）的立場。

我人設想倘若民進黨於強烈表示反對國安法的意願之後，爲大局退讓一步，對草案內容提出具體而富有建設性的修正意見，該黨熟諳法律者不乏其人，只要推誠從事，想必大有可觀。另一方面，執政黨宣佈解除戒嚴和開放組黨，足見貫徹民主憲政的磊落胸懷，今爲打破

僵局起見，不妨再作忍讓，不執著於草案原樣，只要無傷乎立法宗旨，即使多所出入，亦予大度包容。如能達成協議，則雙方皆為贏家，蓋就執政黨而言，國安法終於完成立法，便可立即解嚴，且可使解嚴之後的人心有所安頓，當然是一大成就；民進黨反國安法雖未如願，但能以極少數席次而獲得多數黨尊重，對此項法案作有力的修正，總算不負選民付託，不也是勝利者嗎？

前些時候，立法院中民進黨諸君，曾正告院外示威的「五一九綠色總部」人士，退出對國安法的審查工作是不負責的態度，嗣後對「四一九示威行動」又持明顯的反對態度，博得輿論佳評。然而，排斥街頭運動的民進黨立委，可曾想到立法院中對國安法「反對到底」的作法，卻無形中在製造更多的「四一九」或「五二四」？又豈是負責的態度？等於一面反對街頭示威，又一面點燃街頭示威的火燄，何等矛盾？如箭在弦上的「四一九」，業已懸崖勒馬，為反對而反對的代議士，也該及時轉圜了。

76 年 4 月 28 日 《臺灣日報》

民權主義的提示與啟示

當年國父民權主義所提示的理念，跟目前政治潮流的趨向正相吻合。這個趨向是什麼呢？約言之，就是全民政治的開展，其聲勢宛如水之向下，沛然莫之能禦。國父說：「世界上把全民政治講得最好的，莫過於美國林肯總統，所謂民有、民治、民享。」林肯的名言常被徵引，但很少人注意此三者在順序上的特殊意義，國父看得真切，他說：「真正的全民政治，必先要有『民治』，然後才能說是『民有』，真是『民享』。」也就是說，後兩者可說是以民治為命脈的，民治若是一場空言，那末，民有、民享都將成為鏡花水月。

近半個世紀以來，在非西方世界中，步趨歐美推行民主憲政的國家，其成文憲法莫不揭示主權在民和福祉共享的原則，然而，為民所治的表現，往往是步履蹣跚，究其緣由，多因民生凋敝，民智未開，及政治環境的動盪所致。復興基地三、四十年的安定，在三民主義的指引下，勵精圖治，締造了舉世矚目的經濟奇蹟、社會繁榮，教育普及，為民主憲政奠定了深厚的基礎，特別是年來解嚴及開放組黨等重大措施，舒展了政治參與的活力，長期鬱結的結構性難題，一一進入政治改革的系列，所謂好景繽紛。

當然，民主憲政難於立竿見影，何況在國家安全不能無憂的處境之下，追求民主，不免會發生諸多失調的現象，最顯著者，一面有人

感嘆秩序蕩然，一面有人抱怨自由不足，國父有言：「政治裡頭有兩個力量，一個是自由的力量，一個是維持秩序的力量，政治中有這兩個力量，好比物理學裡頭有離心力和向心力一樣。……如果離心力過大，物體便到處亂飛，沒有歸宿，向心力過大，物體便愈縮愈小，擁擠不堪，總要兩個力量平衡，物體才能夠保持平衡狀態。政治裡頭的自由太過，便成了無政府，束縛太過，便成了專制。中外數千年來的政治變化，總不外乎這兩個力量，不要各走極端，像物理的離心力和向心力互相保持平衡一樣……。」

這是隱含哲理的比喻，大致提示自由與秩序應求得調適。政治思想史上因而衍生的爭論，層出不窮，顧此失彼的陳跡，亦不絕如縷。的確，公正、公開、公平的定期選舉、開明的政治革新，以及較爲開放的大陸政策，業已提升了自由中國的政治聲望，然而，無可諱言，近年社會上脫序事件迭起，議會倫理破碎，甚至於臺獨論調肆無忌憚，公然向法律挑戰，在在顯示自由流於放縱，不免令人爲國家安全掛慮！此時此際，行政首長表明不容分裂國土的堅定立場，固屬必要，但釜底抽薪之計，則是及時宣布深爲國人關注的各項改革方案，及其具體作法，務期能孚眾望，一新耳目，自然可使離心力縮小，向心力增強，自由與秩序當可臻於平衡。

另一啓示，乃是政治建設的策略應逐步進行，國父提示軍政、訓政與憲政之順序，即爲明證。今憲政的進展雖然是緊鑼密鼓，但若參政者操之過急，橫衝直撞，引發政治衝突，則有導致政治衰退（political decay）之虞，不可不察。

76 年 11 月 12 日《中國時報》

「充實」抑「改造」?

────平議國會結構調整問題

　　解嚴、開放黨禁及開放大陸探親，一系列石破天驚的突破性措施，充分顯示執政黨圓熟的政治智慧與破格的魄力，這種邁開大步加速民主憲政進展的作爲，博得海內外佳評，另一方面，也格外升高了國人對政治改革的期許。

　　或許由於「民進黨」全盤否定國會的合法性，並肆意辱罵資深立委，執政黨不免更具戒心，改革的態度乃轉趨保守，千呼萬喚之後，才審愼地提出「不修憲，不修正臨時條款，充實大陸代表，充實增額名額」四項原則，而所謂「充實」而非「改造」的對策，亦即大致維持國會的原有結構，如不諱言，這般「充實」，恐不符民間的雲霓之望。

當前的「政治秘思」

　　古往今來，政治上總會流傳「衆人皆曰」的訊息，學界稱爲「政治秘思」(political myth)，它未必有理，甚至蔽於好惡之情，但卻可能造成時勢。國會結構調整問題，久已是衆所矚目的焦點，四十年不改選是癥結所在，日積月累，不知鬱結了多少謗怨。解嚴之後，結構

老化的國會，立即成爲衆矢之的，各方翹盼其變，變得越多越好，這種民意是顯而易見的，換言之，此一「政治秘思」乃是國會改革不可忽略的背景。然而，執政黨回應稽遲，沉悶之中，反對黨肆意抨擊，並訴諸激越之情，強調全面改選，「改造論」之得勢，自爲意料中事。

　　在國會結構調整問題上，執政黨所面臨的衝擊，不僅是「民進黨」在國會內外的杯葛與挑戰，即就黨內而言，也是暗潮胸湧，心懷不滿者比比皆然，特別是對於千餘位資深代表的滯留，不以爲然，蓋結構不變，必將殃及黨內新秀的參政空間，設若改的幅度微末，照舊以資深代表爲主流，則增額選出的代表，仍將處於無足輕重的地位。再者，增額代表如一味趨奉中央立場，便與民意疏離，對選區選民如何交代？近來立法院執政黨之所以難於有效維繫黨的陣線，增額立委甚至多有依附「改造論」者，緣由何在？是不難理解的。

「充實」云云不洽於「勢」

　　執政黨十二人小組研擬改革方案，業已超過一年，至今未提出令人耳目一新的具體辦法，祗透露在不修改基本法的前提之下，充實國會的增額席位，不免予人以因循現狀之感，這樣的回應，似與氣勢磅礡的開放政策相扞格。落實的說，民間對於如何維繫法統，如何提升國會的議事功能，以及是否修改憲法或臨時條款，是不會很介意的，最關切的莫過於資深中央民意代表要不要退出國會？

　　平情而論，審查當前的內外政治環境，一面是中共全力迫使自由中國成爲地方政府；一面是「臺獨」蓄意鼓吹從國家體制中分離，情境如此，以言國會「全面改選」，執政黨豈能無憂？衡情度勢，「全面

改選」的難題是雙重的，其一，如何維持國家地位的代表性，而不淪落為地方議會？議會理論的「法定代表說」固為憲法學者所肯定，但國會的象徵性意義亦不可忽視，尤以當前的國家處境為然。其二，臨時條款及大法官會議解釋，皆確認資深中央民意代表之合法地位，今欲使其悉數退出國會，恐於法無據。然而，「全面改選」之難於接受是一回事，它之隱含抗議性質頗能引人入勝，則是另一回事，明乎此，若無相當出色的代替方案，而只以語焉不詳的「充實」之說相對應，豈非有悖於政治上的「勢」，何異逆水行舟？

國會必須大量「換血」

　　已如前述，國會結構的調整，「充實」而不「改造」，恐難投合國人如飢似渴的求變之心，即令往後「充實」的程度可觀，亦難以祛除失之於消極的印象。其實，經歷長期的瘀積與剝落，謂國會需要「改造」，求其脫胎換骨，有何不可？當年執政黨蔣總裁秉持重建和再生的決心，在復興基地銳意進行黨的改造，卒能開創振衰起危的契機。今日國會的根本問題是結構老化，以致於了無生氣，於是物腐蟲生的諸多弊病層出不窮。解救之道，必須大量換血，「充實」固然有益，但恐無補涓埃。

　　「改造」的意涵如何，並非絕對，「全面改選」是「改造」，大幅更新也是「改造」。前已言及，「全面改選」有所不宜，大幅更新則是在未能「全面改選」的情況下，唯一可慰藉各方期盼的作為。抑有進者，改革方案推出的時機如何，攸關被接納的程度，析言之，等到「全面改選」的聲勢，如怒濤排壑，不可遏抑，縱然提出大幅更新之

計，亦將因失卻先機而降低吸引力。竊嘗思之，在某種情況之下，決策的遲緩，與決策的錯誤同其命運。

以言國會改革，大幅更新不僅理念可取，且亦未必窒礙難行。促使資深代表自退，若祇由行政院制訂退職辦法，即使讓當事者克享優遇，在交易行為的氣氛下，似有情何以堪的感覺，恐不易求其順暢進展，最具感召力之途徑，可由執政黨領袖邀約第一屆中央民意代表懇談，要求體諒國家當前處境，應即自退，並慨乎言之：「政治上的無情衝擊，讓諸君承受多少屈辱，是國家對不起諸君，但如再事拖延，諸君將對不起國家。」同時，輿論應肯定資深代表自退的君子之風，在功成身退的期許下，退者心安理得，當可無怨無尤地頤養天年。

當然，退職辦法是不可少的，至於其合法性如何，因係自退，不致引起爭端，必要時可訴諸大法官會議的解釋。國會中有了大量出缺的席位，自可大幅更新，不獨反對黨擴展了問政空間，執政黨的新秀，亦可擺脫附屬地位的心態，一掃理缺詞窮的陰霾，扮演積極的角色。雖不「全面改選」，但由於國會的面貌得以煥然一新，亦必能合輿情而快人心。

比例代表制應屬可行

極大部份資深代表自退之後，國會改革必然是生機蓬勃，在作法上，執政黨擬議的全國選區比例代表制，應屬可行，蓋政黨的比例分配，反對黨的席位將因而相對擴充，而執政黨所強調之全國性代表的設置，或可因而獲致安協。

國會結構調整問題，可說是多方面的考驗。民進黨是否遵循體制

內改革的議會路線；執政黨能否果敢地因勢推移開創新局；我國政黨政治的前途如何？未來的發展，都將攸關國家機運，值得關切。

76 年 11 月 22 日 《聯合報》

要衆星拱月不要多頭馬車

———談執政黨領導權的定位問題

蔣總統經國先生不幸逝世，舉國同悲！依循憲政程序，李副總統
登輝先生隨即就總統位，但執政黨黨主席一職仍然虛懸，引起各方關
切，並因而引發國內外的一些揣測。

達成憲政體制定向共識

執政黨領導權的定位問題，近日來民意代表先後有所反應，於是
此一敏感的政治話題，遂不脛而走，以至於衆說紛紜了。

要不要設黨主席？誰是黨主席的繼任人選？是衆所矚目的焦點，
也是關心國是者的心頭塊壘。有些人認爲茲事體大，不如由十三大以
民主程序公決之，殊不知民主程序固然重要，大方向的把握更爲重
要，從遠處看，若不能在憲政體制和民主政黨的定向上達成共識，從
而爲黨的領導權定位，則即使透過黨大會的民主程序，亦不能保證不
犯原則性的錯誤。

報載執政黨中央委員會正忙於協調，連日來徵詢中常委和中評委
的意見，以探詢是否召開臨時中全會及何人適任黨主席云云。其實，
開放的社會，民主的政黨，黨權的傳承與移轉，已不單純是政黨內部

之事（party business），民間也有「知」的權利，知識界更有「言」的責任。

我人以爲在討論主題之前，先要對經國先生的深心遠慮有所省思。

確立依據憲法傳承原則

多少年來，備受海內外關注的話題之一，乃是所謂「後蔣經國時代的接班問題」。由於此一問題高度敏感，經國先生自己避而不談，旁人即以事關禁忌而不便置喙，沉悶之中，格外令人憂心，有識之士咸認諱而不言，恐將誤國；或謂其所以然，實因經國先生左右無適當傳人之故，奈何奈何！及至兩年以前，經國先生以廓然大公的態度宣布，蔣氏家人不能也不會掌握政權，外界的揣測和謠言乃不攻自破，但對權力移轉問題，仍然未提隻字，不過，默察政治氣候，不言之中，似已透露將依憲法傳承的訊息。一月十三日，經國先生逝世之後，幾個小時之內，即由副總統接替爲總統，憲政的格局與公信力乃得以彰顯。

固然，李登輝以學者從政，原非來自黨、政、軍的內圈（inner circle），元老的資歷，各方面的淵源和實力，皆付闕如，其威望容或不足，但正因爲如此，其形象可超然而無所牽累。當年胡適之先生曾勸告老總統蔣公何妨取法黃老之無爲，寓意至深。而登輝先生溫文謙遜，淸簡自守，必能成功地扮演崇法務實及調和鼎鼐的角色，並可乘機反省政治結構中權職分際問題，使依順憲政的規範而定位，於是人治轉化爲法治的契機從而顯現。

擺開人治包袱邁向法治

　　這樣看來，經國先生對領導權的移轉，早有成竹在胸，他不可能不明瞭人治和民主制度是不協調的，而他自己乃是強人典型的領袖，那是由於歷史背景及時勢所造成，「時代在變，潮流在變」，他當然會意識到不該再期許繼起的英雄，而是應當結束人治開創制度化新局的時候了，這正是他的高明處，因爲他以磊落的胸懷，憑藉不受抗拒的威望，毅然擺脫民國以來政隨人轉的俗套，不因惜才而放縱親信，不容位重者鋪設班底，無私無我，坦坦蕩蕩，賦予民主法治的綿綿生機，可說是向歷史交代的劃時代作爲，他之所以選擇李登輝先生爲副總統，即已顯示此一意向。

　　經國先生既刻意開拓民主憲政的新里程，解嚴、開黨禁的作法，事實上已把國民黨定位爲憲政體制下的民主政黨，是以黨領袖的地位理當與總統的職位合一，換言之，執政黨的黨領袖應與憲法上的總統同屬一人，如此既可在憲政體制上達成黨政一元化，同時又可迴避黨政分際上的難題。

領導權多元化易生紛擾

　　反之，設若不由總統統攝黨領袖名份，而另設黨魁；或不設黨主席，改由黨的領袖群（Party leaders）作所謂集體領導，前者將落入蘇聯與中共模式的窠臼，顯然與民主憲政相扞格，殊不可取。後者則導致多頭馬車的局面，不僅易滋紛爭，且有衍生派閥分化黨的陣線之

虞。

按國民黨的性質與黨權運作的方式，與英國政黨相近似，同為集權化政黨（centralized party），即黨權集中於中央，此一體質的根性已深，今頓時令其脫胎換骨，成為分權化政黨（decentralized party），必然會發生調適不良的問題，特別是在強有力的黨領袖過後，內部整合的危機，尤其顯著。雖然，黨魁名份歸於總統，並不能延續蔣主席的威權而使黨內無爭，但至少可以讓民主政黨在民主憲政中定位，確立制度化的規模。在消極方面，亦可免除體制上的矛盾和黨政關係的齟齬；再者，黨主席歸之於一位素性溫厚和立場超然的總統，在黨內巨頭互不信服之際，他可以倚仗全民擁戴的聲望，越過黨見之私而達成整合，於是黨權的行使，乃暗合西儒所謂非權威的折衝式領導（leadership by compromise）。

民主國家的總統，未必皆是黨中豪傑，李登輝先生既是經國先生基於憲政理念而選定的領導人，今依法接任總統，執政黨上下，若能體善蔣故總統的遺志，如眾星拱月，支持李總統為憲政規範之下的黨領袖，而黨內幹部又能自我肯定應有的角色與地位，自可逐漸轉換臣屬文化氣息，則於黨於國，都是有福的事。

執政黨應即依據往例召開臨時中全會，推選李登輝總統為臨時黨主席，再由全國代表大會追認。蓋十三大在七月舉行，距今尚有半年之久，黨主席人選若不及早定案，一則群龍無首影響黨務運作，難以決策定計；再則大會之前，黨主席由誰繼位問題，必至街談巷議，謠言蠭起，將何以堪？

代理主席人選宜早推定

　　經國先生於本月五日簽署遺囑，他有充裕的時間指定主席人選，他之所以不爲，絕非偶然之事，固然可以解釋爲他崇尙民主原則，故不願指定黨的傳人，但更有理由推想他早經決定不必在繼任總統之外，物色黨主席人選。已如上述，經國先生已將國民黨定位爲憲政體制下的民主政黨，總統後繼有人，似不宜橫生枝節另設黨領袖。

　　執政黨領導權的繼承，事關重大，不只是什麼人有雄才大略適任主席的問題，同時也涉及是否執著憲政常軌的問題。另立黨魁，足以扭曲黨的性質與取向，落實的說，此一關鍵時刻，可遵循憲政之路，取法英美政黨模式；亦可能一念偏差，步蘇聯與中共後塵，尚祈執政黨領導階層三思。

77 年 1 月 23 日《中國時報》

拒退・迫退・抑自退

———談資深民代的退職問題

執政黨中常會業已通過「充實中央民意機構」方案，但其中涉及資深中央民意代表退職問題，則是餘波蕩漾，議論未定，甚且引發國會內部「新、舊抗衡」的對立形勢，令人關切。

據說，在執政黨幕後協調的過程中，多位不願具名的資深代表透露，他們之所以不願退職，並非戀棧名位或昧於體察輿情，而是執著一項攸關憲政命脈的原則，那就是在未依法選出第二屆中央民意代表之前，資深代表有責任維持對全國的代表性，現階段資深代表如大量退出國會，將導致法統的中斷問題，因而不考慮退職云云。

我人並不確知有多少資深代表持此論調，但老成謀國之代議士懷有如許使命感者，或不乏其人，不過，衡情度勢，國會結構的急需調整，應當說是急需大幅更新（而不是因循現狀的充實），已是沛然莫之能禦的民意。職是之故，資深代表實不必亦不宜以「法統」為掛慮，蓋憲政與民主血肉相連，蔣故總統經國先生亦曾提示「憲法即法統」。再者，資深代表的地位合法（legality）是一回事，但「眾人皆曰」的合法性（legitimacy）是另一回事。退一步說，即使以國會的國家代表性為憂，也只能向執政黨建言，強調「全國性代表」之不可無，而非以拒絕退職表達忠愛之情。值茲關鍵時刻，資深代表若坦然

表示，願意體諒國家處境，並回應民間期許，及肯定自退原則以成全國會結構調整方案，則必能贏得國內外的敬重與讚佩，而克盡優遇的退職辦法，亦必能爲國人所接納。另一方面，執政黨部份增額代表，正醞釀以發表聲明，號召群衆簽名、舉行座談會等方式，從事所謂「勸退」的行動。這種造成時勢咄咄逼人的作法，我人期期以爲不可。一則根據憲法、臨時條款、大法官會議解釋都肯定資深代表的合法地位，再則揆諸國會傳統，增額立委一向尊重資深代表，至少在執政黨民意代表之間，從無鬩牆之爭，今國有大喪，理當銜哀奮勵，何不以誠敬之心，促使資深代表自退？歲月催人，年華總會老去，增額代表應惺惺相惜，豈可相煎太急？況且國會結構調整，乃是國家大事，各方寄望殷切，應但求成事，不可債事。析言之，憲政的長遠之計，不該演變爲新人鬥舊人的利害之爭，是以在作法上不僅要正直，也要冷靜與溫厚。

近日來對於「充實中央民意機構」方案，執政黨中央曾與民、靑兩黨、民進黨以及執政黨國會黨部密集溝通，顯示此一方案業已呼之欲出，但在順序上應先求內部整合，我人以爲執政黨領袖此刻可邀約資深代表懇談，明確表示不制定強迫退職辦法，尋求諒解，達成自退的圓滿結果，並透過黨鞭（party whips），作穿梭協調，維持黨的陣線，同時昭告朝野上下，執政黨及政府將義無反顧，儘速謀求此一方案的妥協，以期其必成。

執政黨若能開誠佈公，作明快的因應，必然博得全民的喝彩，在民意的認同與支持之下，當可促使資深代表順應輿情，並有助於降低反對黨杯葛的程度。

77 年 2 月 5 日《中國時報》

民主政黨的體質與定向

————給執政黨的諍言「為我國政黨體檢系列之一」

晚近以來，由於民主思潮的澎湃，政黨政治自然會受到相當的衝擊，無形中對政黨的體質與定向產生導引和規範作用。析言之，民主化的呼聲，以及全民福祉的要求，迫使世界各國政黨不斷調整腳步，藉以在變動不居的社會中安身立命。

民主化的形勢沛然莫之能禦

研究政黨頗具盛名的學者杜佛傑（Maurice Duverger）將多如牛毛的政黨化約為三大類：一、十九世紀中產階級政黨；二、歐洲大陸社會主義政黨；三、法西斯及共產黨。末項屬於極端黨派，不在民主政黨的品類之中。中產階級政黨（如西方的保守黨、自由黨、共和黨、民主黨等）具有寬廣的代表性，易與民意相融合，乃得以帶動政黨政治的大勢，居於主導地位；社會主義政黨，總是不忘情於特定的意識型態，難以獲得多數選民的支持，有逐漸萎縮的跡象。至於揭櫫馬列主義的革命政黨，更是不得人心，被迫而疏離其所信奉的教條，例如法國、義大利和日本的共產黨，為爭取國會議席，近年來公開宣布，不再堅持無產階級專政的路線；中共目前標榜「社會主義初步階

段」之說，無非是「走資派」對「四個堅持」陽奉陰違的花招。諸如此類的政治現象，在在顯示極端黨派已是日暮途窮，民主化的形勢沛然莫之能禦。

為民所治既是大勢所趨，政黨與政治人物不得不仰望於民間，致若干早期的政治理論已是明日黃花。一九一五年麥考斯（Robert Michels）著《政黨》一書，創說「寡頭統治鐵律」（iron law of oligarchy），斷言黨權必然操縱於少數巨頭之手，並暗示攬權者不免流於腐化。此一直言不諱刻畫黨權特性的學說，久經傳誦，政治學界為之風靡。然而，時過境遷，民主憲政與開放社會相激相盪，政治參與日益擴大，「寡頭統治」豈能安穩？麥氏「鐵律」業已不切實際了。

這些年來，即使是「極權化政黨」（centralized party）亦流露分權化（decentralization）色彩，黨內民主呈現不可遏抑的氣勢。例如美國直接初選制度的盛行，意味著黨人直接過問提名之事，使黨內民主達到高潮，流風所及，各國政黨亦有相率景從的趨向。至此，黨務（party business）遂從幕後移向臺前，接受社會大眾的評價。有人描述民主政黨的運作，承受民意壓力，宛如廚師和食客之間關係的轉變，本來美食者雅不欲探問廚房之烹調細節，如今，不僅要吃好菜，還要介入炊事，檢視材料品質，評鑑衛生情況。換言之，不僅著重結果，還要察看過程，可見憲政體制下的政黨，因民視民聽而必然日趨俗化，也就是別無選擇的作為民主政黨，所謂寡頭統治或權威領導，將成為政治史上的陳跡。

執政黨宜捨棄「革命」屬性

　　中國國民黨的體質與定向如何？是否合於民主憲政的要求？值茲政治革新及黨務革新聲中確乎是值得檢討的嚴肅問題。在國民革命的背景中孕育和成長的政黨，具有革命的體質，毋寧是很自然的事。「掃除革命障礙」的軍政時期，固不待言，即使是訓政時期，雖有民權主義的指引，但由於深受俄國一九一七年革命的影響，且國事蜩螗，「以黨領政」的約法之治，強調黨的革命性，仍舊是理所當然。行憲之後，大陸河山變色，作爲復興基地的臺澎金馬，危如累卵，大局風雨飄搖，要執政黨迴避革命黨的角色，實有所不能。民國三十八年，進行黨的改造，基於一面行憲一面戡亂的認知，確定黨的屬性爲革命民主政黨，是很可以理解的。

　　三、四十年的慘淡經營，臺灣地區在經濟起飛之後，定期選舉帶動了政治發展的腳步，國人對民主憲政的期許日甚。特別是這兩年，解嚴、開放組黨等突破性作爲，蔣故總統經國先生事實上已將執政黨定位爲民主政黨。今政治改革次第開展，以言黨務改革，首要之圖，莫過於調整黨的體質，廓清黨的形象，應於十三大開啓黨史新頁，透過民主程序，修訂黨章，做結構上的調適，重點之一是使黨的領導階層大幅更新，活化決策體系與參與管道；同時，改變「民主集中制」的組織原則，以及革除號稱「生活單位」、「戰鬥單位」但久已徒具形式流於虛矯的「小組」，另作足以提升黨內民主而又切實可行的因應。扼要的說，就是捨棄「革命」屬性，毫不含糊地肯定中國國民黨爲民主政黨。

何以應凸顯民主政黨的風貌

依循憲政理念，「革命的」（revolutionary）與「民主的」（democratic）的意涵，有其本質上的不協調，難以混爲一談。以往爲「革命民主」所作的詮釋與辯解，不外乎「以革命手段，達成民主目的」；或「以革命精神，保障民主制度」；另有一說是「以民主法治常規，在復興基地參加選舉，推行憲政；以革命組織及革命精神，對大陸共匪鬥爭」。殊不知革命手段跟憲政中的「正當法律程序」（due process of law）是不相容的，民主目的如何能藉以達成？民主制度又如何能賴以保障？至於在復興基地作爲行憲的民主政黨，對中共鬥爭作爲革命政黨，表面上似爲兩得之計，實際上，此一相拒相斥的體質，將不免對民主憲政一面迎合，又一面抗拒，並可能導致適應不良與角色錯亂。

民主政黨並非不能應付變局，二次大戰中，英國保守黨即曾領導「戰時內閣」克敵制勝。抑有進者，反共產極權，「以其人之道還治其人」的對策，恐怕是一項認知上的謬誤。蓋世局已甚明朗，以自由對奴役，以民主對極權，乃是上策。當今之世，自由民主業已使鐵幕浮動，共產主義因而衍生信仰危機。職是之故，反共復國所依恃的，以及大陸同胞所嚮往的，正是民主憲政；能使共產政權膽寒的該是民主政黨而不是革命政黨。也就是說，民主政黨既是憲政的干城，亦爲反共的利器，那末，又何必保留革命政黨的名銜呢？

正名亦所以作楷模

解嚴之前，民間並未承受什麼痛苦或不便，但戒嚴之名讓國家背負多少謗怨？平情而論，多年以來，執政黨對待黨內黨外，未曾表現

革命的肅殺之氣，徒然在形體上擺出革命黨的架式；儘管對民主憲政
戮力以赴，卻始終難於彰顯民主政黨的聲望，革命之名的牽累，不無
關係。

　　另就目前國內政情而言，俟「人民團體組織法」頒布施行之後，
新政黨必將接踵而生，設若有號稱「革命民主黨」、「反共革命黨」，
甚或不隱不諱名爲「革命黨」者，顯然逾越民主法治的規範，唯執政
黨既有「革命」的屬性在先，又何能不許他黨效尤？

　　時代在變，潮流也在變，復興基地的政治發展已是物換星移，執
政黨應趁勢擺脫革命政黨的形影，展現民主政黨的風貌。民主政黨不
獨有利於憲政的開展，亦可於不言之中，擔當「尙未成功」的革命任
務。也許有人顧慮如此轉化是否過當，其實，執政黨每當面對新的挑
戰時，總是不畏變革的，民國八年，由中華革命黨易名爲中國國民
黨，才是很果敢很有魄力的決定，今既「積極推行民主憲政建設」，
十三大凸顯民主政黨的體質不過是順應時勢而已。

兼顧「精英原則」「參與原則」的定向

　　轉化革命政黨爲民主政黨，並非只是在字面上變易名銜即能得其
神髓的。執政黨了無牽掛的作爲民主政黨之後，發展的價值取向如
何，亦值得三致其意。

　　近代政治思想家約翰‧彌爾（John S. Mill）有鑒於民主政治不免
走向平庸，甚至造成社會專制，乃倡言珍惜精英以節制參與的狂熱。
此一空谷足音，當可有助於歌頌民主者心存戒愼，趁奉民意而不忘以
「公共教誨」（public teaching）（彌爾之言）提升其品質。由於民主政

治日趨俗化，政黨與政治人物不得不投合選民好惡，並反映市場取向的色彩，於是，不重理論，只依順民意而行銷政綱的掮客黨（broker party）佔盡優勢，固執意識型態而不夠現實的教士黨（missionary party）歸於蕭條，似乎歷歷在目的印證了彌爾的憂慮。

然而，默察當前政黨政治的發展，在政治動員的過程中，歐美政黨與政治人物，可說是一面奉民主如神明，一面視精英如瑰寶。英國向有尊重精英之士的傳統，狄斯累列（Disraeli）稱之為「自然貴族」（natural aristocracy），論者嘗謂與其說英國是為民所治（by the people），還不如說是精英統治（by the best of the people）。美國的政治民主化、政黨分權化，人所共知。惟大選中的競選總部皆不遺餘力，網羅精英之士，組織龐大的顧問體系，為選戰運籌帷幄；再者，四面八方的「意見領袖」，對輿論及公共教誨之影響不為不大，精英統治之含義在其中矣。故我人以為參與擴大未必就是精英凋零。

衡情度勢，執政黨自不可在民主潮流中退縮，惟基於主義立場，不能亦不必隨波逐流作為「掮客黨」，在價值取向上，不妨兼顧「精英原則」和「參與原則」，接納參與，充實民主活力，並催化新陳代謝，超越「指導民主」的格套；重視精英，提升形象，以卓越的才智肆應變局，俾民主而不散漫，祛除革命屬性而不流於軟弱，則十三大破格維新，何所畏懼？

77 年 4 月 11 日 《中國時報》

從反對運動到民主政黨
——給民進黨的諍言「爲我國政黨體檢系列之二」

解嚴、開放組黨之後，自由中國的政治發展進入了魚龍變化的轉換階段。目前，執政黨正研擬如何在十三大修改黨章，力圖有所變革，其民主化的作爲萌現生機，但能否破繭而出，尚難逆料；民進黨亦將於四月間召開臨全會，討論要不要將「人民有主張臺灣獨立的自由」列入黨綱，何去何從，令人關切。筆者秉持忠於專業知識的態度，已直言不諱地諫勸執政黨，應捨棄「革命」的屬性，不合時宜的「民主集中制」，及流於虛矯的「小組」，今亦以誠敬之心，不保留的對民進黨有所批評，有所期許。

認清當代民主政黨的動向

民進黨既爲民主政黨，對於當代思潮的趨勢，及民主政黨的動向，不可不察。二次大戰之後，法西斯黨已伴隨軍國主義消逝無蹤；共產黨亦因共產主義式微而捉襟見肘，至此，極端黨派已是山窮水盡，其沒落的形勢，甚至波及歐洲大陸社會主義政黨。後者因爲難爲民主國家、繁榮社會所接納，乃不得不淡化意識型態與階級色彩。在定期選舉的壓力之下，革命政黨注定了剝落的命運，中產階級政黨則

左右逢源，兼容並包，得以匯集爲波瀾壯闊的主流。

這半個世紀，自由世界，包括一部分發展中國家，由於經濟繁榮，社會安定，選民的投票行爲表露穩健的慣性。美國一九八〇年和一九八四年的大選，調查資料顯示，約有三分之二的選民，政治態度「溫和而保守」(moderate to conservative)；兩大黨的政綱，皆不敢偏離中和立場，致有「互盜政綱」(platform‒robbing)的譏評。亞洲的日本，在晚近的選舉中，選民懷有「中流意識」者，竟高達百分之九十，保守而又開明的「自民黨」，乃立於不敗之地。民主政黨的動向如此，相形之下，株守狹隘意識形態的政黨，縱情任性玩弄暴力的政黨，或左或右，各有所偏，不爲衆人所信賴，粉墨雖甚惹眼，只能作爲政治舞臺上的龍套而已。

民進黨脫胎於「黨外」運動，「黨外」運動崛起於地方選舉，發軔之初，面對「獨大」而又佔盡優勢的執政黨，其坎坷遭遇和艱苦歷程，當可想見。嚴格的說，「黨外」不過是籠統的稱謂，「編聯會」、「美麗島」……派系林立，各顯神通，但求突破執政黨輔選的網絡，以期個別的候選人當選。策略上雖有變化，但譁衆取寵，升高抗議的情緒則一，單打獨鬥之外，欠缺理念的共識和衆望所歸的領導者，黨的結構與定向，也就無從整合了。

認同・整合・轉化

無可諱言，「黨外」政團的民主運動，自始即與帶有革命情緒的反對運動相重合，從反對運動到民主政黨，在體質上未及轉化，始終呈現整合的危機。組黨之後，由於「住民自決」的口號列入黨綱，隨

後又倡言「人民有主張臺灣獨立的自由」，因而使原本模糊的認同於體制的立場更爲曖昧。

放眼天下，民主政黨的反對角色，有其一定的分際，換言之，民主國家的反對黨，不論如何強悍，即使「爲反對而反對」（with opposition for opposition's sake），亦須認同於國家體制和憲政規範。當年「黨外」政團以「住民自決」爲共同政見，就是一項認知上的錯誤。按「自決」一詞，淵源於威爾遜（W. Willson）所提倡的「民族自決」（self determination of people），那是被壓迫民族要掙脫帝國主義枷鎖的呼聲，在主權國家的體制中，根本沒有「住民自決」這一回事。記得「黨外」提出此項共同政見之後，「臺獨」在美國發行的《臺灣公論報》，曾以大字標題報導「住民自決」的主張，說是「臺灣的島內革命業已開始」，可見「臺獨」是以「請君入甕」的手法，讓「黨外」不知不覺地走進反體制的陷阱。而當局者迷，組黨之後，竟然將「住民自決」納入黨綱，今復變本加厲，標榜「人民有主張臺獨的自由」云云，眞是一錯再錯，格外助長認同的危機！同時，由於黨內巨頭或派系，有不贊成「自決」與「臺獨」主張者，對內部整合而言，可說是雪上加霜！

從黨外的反對運動到民主政黨，如何轉化？委實是民進黨當前的主要難題。揆諸政治發展的義理，在野勢力轉化的關鍵在於認同和整合，整合尚可逐步調適；認同則是定向的拿捏，不可失足，要是在抗爭中悖離應循的軌道，則將使民主政黨變質。爲今之計，民進黨宜勉力達成共識，認同於國家體制（不只是口頭上認同於國旗、國號、憲法），姑不論春秋大義，即爲本身的利害計，一則可規範民主政黨的體質與定向，再則在此關鍵時刻，認同可自我提升爲全國性政黨，於

是在民主政黨及全國性政黨的形象樹立之後，必有助於黨的整合，並可博得民間的信賴與支持。

紓解「自決」與「臺獨」的情結

近日報載，對於「人民有主張臺灣獨立的自由」應否列入黨綱一事，民進黨內部，有人抨擊「民進黨」報導失衡，指其刻意凸顯分區座談會初步統計，標示「贊成者略佔上風」之說。此一訊息透露該黨對「臺獨」主張的取捨，已爲激進派所主宰；並顯示黨的領導階層對民主政黨之黨綱如何形成，似甚隔膜。前者涉及派系的勢力消長，是民進黨的家務事，不予置評；後者是在野黨對航向的認知問題，不僅攸關民進黨的前途，也攸關國家前途，知識份子豈可無言？

「臺獨」情結之緣由，及主張「臺獨」的動機，錯綜複雜，本文不擬列述，只爲臺獨主張何以不宜納入黨綱作解說。蓋民主政黨的黨綱，係從民意中擷取而來，而不是由部分黨人擅自作主，任意掇拾反體制的口號。民進黨有意吸納「臺獨」主張，並非基於輿論的指引，似乎只爲突破政治禁忌，刺痛執政黨，表示敢於抗爭。殊不知黨綱與民意聲息相通，是對選民的承諾，對選民承諾是很嚴肅的事，要能在特定期間內促其實現。

依循政治學的準則，以及基於政治現實的考慮，民進黨應在兩個層面有所理解：其一，「自決」或「臺獨」主張，根本不能成爲黨綱，民主國家不論如何尊重民意，也不容許其統治權受到冒犯，故那是無法實施也無從兌現的；就外環境而言，由於中共視之如寇讎，「臺獨」云云，不可能爲國際社會所承認，勢必成爲虛無的政治神話。其二，

若爲紓解黨內的臺獨情結，要測知黨人的看法，豈可只從幾場分區座談會中見分曉？今黨內巨頭有指責座談會出席率偏低者，有非議與會之人多爲同情「臺獨」主張者，如何能作爲樣本？更何況民主政黨的黨綱，不僅應取決於黨人，更當體察民意，故「臺獨」主張可否作爲黨綱，不只是黨內千百人的事，更是舉國千萬人的事！

筆者以爲，民進黨的領袖群，應審慎從事，不可壟斷黨意，藐視民意。在做法上，不只以黨工在「內圈」（inner circle）進行先入爲主的會商，同時應秉持公正立場，委託地位超然的學術機構提出相對調查，即設想摒棄「自決」與「臺獨」主張，代之以體制內改革的有力訴求，探詢黨人及國人的意見如何。在輿論的導正之下，當可化解成見，平息派系紛爭，才不致因「臺獨」逆流的衝擊而失去平衡。

肯定「競爭」而非「鬥爭」的運作方式

民進黨從反對運動到民主政黨，眼前切要之事，莫過於發揮調適功能，以求轉化，除積極扮演民主政黨的角色外，消極方面，應擺脫草莽心態，收斂革命情緒。英儒范納（E. Finer）嘗謂黨爭可能衍生「仇敵政治」（adversary politics）的氣氛，如今，執政黨已在開放政策中接受反對黨的事實；民進黨應著意於培養民主政黨的氣度，也可以說是表現反對黨的風度，固然要不留情的批評或杯葛執政黨，但也要懂得在不得不予肯定的地方，稱讚對手。當然，政治行爲是互動，執政黨也要虛心檢討，共謀祥和。

民主政黨不同於革命政黨者，其運作的方式爲「競爭」而非「鬥爭」，競爭必以尊重正當法律程序爲前提。民主的精義之一是「重視

手段」(emphasis on means)，達成偉大目的亦須依循合法途徑，即不因理直氣壯而容許行為脫序。例如民進黨催促國會改選，目的正常，但在手段上，顯然踰越了民主法治規範。

民進黨要樹立民主政黨的形象，首先應以「競爭」取代「鬥爭」的運作方式，勿恃民氣可用，須知群眾運動是兩面有刃的劍，它可以壯大抗爭的聲勢，也可以使民主政黨變質，不為安定繁榮的政治社會所接納，因而失卻多數人的支持。

寄望民進黨即將舉行的大會，順應潮流和民意，力求黨的整合與轉化，果敢地越過偏激路線，紓解「自決」和「臺獨」情結，調整體質，把握民主政黨的定向。

77 年 4 月 12 日《中國時報》

議會政黨政治的新局
―――執政黨黨團運作的困境與對策

　　長期執政的中國國民黨，雖然經歷軍政、訓政、與憲政的不同階段，但始終是一黨獨大。中華革命黨時期，採嚴格的領袖制，固不待言，抗戰、戡亂，以及於來臺擔負反共復國任務，均能在堅強的領導之下，維繫全黨一致的陣線。

集權政黨在轉化中

　　中國國民黨類乎英國政黨，屬於集權化政黨（centralized party），即黨權操之於中央，向來以黨紀貫徹黨的意志，而黨紀之所以能夠護衛黨權，在於黨中央握有職位分配的權威。晚近以來，黨外反對勢力崛起，執政黨的輔選未必得心應手，在某種情況之下，甚至有脫黨競選而得以壯大聲勢者，於是黨遭受前所未有的衝擊，特別是經國先生去世，致原已難於求全的黨紀，更形零落，此刻執政黨的黨權，事實上已由集中流於分散。

　　目前可說是政治上的轉型期，是由革命政黨轉化為民主政黨，以及強人政治轉化為常人政治，而議會政黨也有了不尋常的變化。

「集思早餐會」其來有自

立法院「集思早餐會」的出現，對於執政黨而言，委實是一大震撼，起初，身為「黨鞭」（party whip）的人有點承受不住，認為事態嚴重，不只是黨中有黨，恐怕會被人看作是國民黨的分裂，後來眼看木已成舟，只得在「集思」成員表明仍舊對黨忠誠之後，乃釋然甚或欣然地予以接納，其間的無奈，是顯而易見的。

綜觀增額立委陸續組成「DC」、「海龍」，以至於「集思早餐會」，看起來是部份立委刻意作秀，但深一層分析，實有其所以然的背景。資深民意代表始終壟斷絕對多數，而增額當選者雖有雄厚的民意基礎，卻處於附屬地位，三年一選的壓力，身受者所承擔的惶恐與苦悶，恐非局外人所能體會。既是公道難平，乃趁開放時機，逾越黨的規範，以示對國會主從角色定位的抗議，著意於凸顯本身形象與作為，甚至訴諸戲劇性表演，以邀選民激賞，於是跨黨組合者有之；不理會黨團勸阻，黨中另立門戶者亦有之。此風之長，一則議會中的新秀不甘於因循以資深代表為主流的格局；再則國會結構調整之困守僵局，也是癥結。資深代表之退職，已是刻不容緩，但卻仍在拖延之中，在野政治勢力的反對空間因而擴大，大湖山莊事件，立法院衝突事件，及五二〇暴力事件，層出不窮，萬方期待國會改選，執政黨格於礙難而回應稽遲，增額代表若緘默以示恭順，如何平抑選民之反感，又如何在來年選舉中不蒙其害？「集思早餐會」等團體之應運而生，其緣由應屬不難理解了。

十足的共識並非好事

依循民主政治的義理，十足的共識（perfect consensus）並非好事，因為它往往意味著僵於威權的木然反應，亦是臣屬政治文化（subject political culture）的表徵。「黨外無黨，黨外無派」的時代業已過去，立法院黨團難以約制同黨議員另結團體，執政黨若不留連往昔的光景，不妨視為黨組織在生態轉換（ecological transformation）之後的結構分化，也是黨內民主展現生機之前的脈動。

執政黨增額立委分權化的動向，就黨中央而言，恐怕是「非所願也」，不過，如果調適得宜，未嘗沒有建設性的意義與影響。按國民黨基於長期執政的優勢，除遭受反對黨派的攻訐外，黨內無克己和自我批評的表現，久而久之，不免予人以護短或掩過飾非的印象，今部分增額立委一反故態，一面展現開明的風貌，扮演黨內制衡的角色；一面不放棄與反對黨抗爭的立場。例如對於國家總預算的審查，以「集思」為主的立委，即曾表現積極、主動和無私的作風，越過黨派的畛域，對若干不適當卻年年過關的預算項目，作嚴謹的審核。在第一組處理的過程中，總計刪減了三十五億元之多，其中除警政署補助各縣市規範遊行之預算刪除四百萬元，是由民進黨立委提出外，其餘之刪減作業，多由「集思」成員所帶動，輒未以多數自恃，而能居於主導地位。另一方面，對所謂政策性預算之處理，民進黨雖刻意挑剔，「集思」則合縱連橫，勇於抗爭，似又回歸黨團的陣線。

「集思」的作為大致是獲得肯定的，事實上執政黨並未因此等帶有分權色彩的波動而受到傷害，相反地，正因為不具十足的共識，而

得以擺脫黨同伐異的陰影，為黨的轉化開拓了寬廣的空間。

議會黨團生命之寄託

　　若謂執政黨國會黨團之生命寄託於國會結構調整，並不為過。倘若國會的現狀基礎不變，則黨團是虛弱的，在運作上難以獲得認同，縱然是能幹的「黨鞭」，也會有徒喚奈何的無力感。國會結構調整問題，久已是眾所矚目的焦點，四十年不改選是癥結所在，日積月累，不知鬱結了多少謗怨。解嚴之後，結構老化的國會，立即成為眾矢之的。衡情度勢，即使是「充實」而不「改造」，也要大量換血，資深代表的合法地位（legality）是一回事，但「眾人皆曰」的合法性（legitimacy）是另一回事。平情而論，在未能「全面改選」的情況下，大幅更新是唯一可慰藉各方翹盼其變的作為，結構調整的幅度，至少要轉換主從地位，即增額代表在比例上應超過資深代表。在改革案尚未公布時間表的逆勢下，執政黨所面臨的衝擊，不僅是民進黨的杯葛與挑戰，即就黨內而言，也是暗潮洶湧，心懷不滿者比比皆是，因而國會黨團的影響力，自然會趨於低落。另一活生生的實例，在地方自治法制化未能實現之前，民進黨省議員以往迭有退席抗議的風波，固然不在話下，居於絕對多數的執政黨省議員的反應又應如何呢？在預算審查的重要會期中，竟然一而再、再而三因出席人數不足而「流會」，黨團約束力之虛弱，可見一斑。

　　國會改革採漸進方式，似可為各方所接納，但漸進並非拖延，亦非等待老成凋謝之後的「自然」解決，對執政黨的「充實方案」，民心已由滿懷期許而漸感不耐，若長此因循，黨紀甚至法紀的維持，都

將陷入理不直而氣不壯的困境。

和而不同，分中求合的對策

盱衡當代世局，政治權威漸有淡化的跡象，政黨與政治人物莫不趨奉民意以因應變局，而民間不滿現實已幾為常情，西方學者形容此一政治氣候為 "discontent winter"，意指選民不滿或不耐之感，猶如冬天揮之不去的陰霾，執政者要求政安民和，殊非易事。

民主國家的經驗顯示，政黨政治總是不脫離憲政體制，並以民意為依歸。開放的社會和多重利益的政治（multi–interest politics）無形中對民主政黨產生了規範作用，奪權鬥爭歸於末路，黨內民主的要求，沛然莫之能禦，故「定於一」的黨權結構業已不合於客觀形勢，為了要在定期選舉中反映選區的不同意見，政黨的價值觀念自然趨於多元。日本的自民黨派系林立，該黨卻能兼容並包，從而含蘊各階層的勢力和旨趣，卒能長期主政，立於不敗之地。有鑒於此，國會黨團之未能指揮裕如，或許暗含民主化的契機，執政黨領導階層應秉持「有容乃大」的心境，只要不悖於民主憲政的基本立場，當期許黨人勇於批評，並致力於黨內外的溝通協調，寬容歧異，即所謂「和而不同」，才能激發民主政黨的活力。

執政黨議會黨團，應趁十三全開創新局的時機，重行改組，以增額代表為骨幹，在作風上，可效法英國「黨鞭」鍥而不舍的精神，以卓越的智慧和誠心，籠絡同僚，和衷共濟，使黨權與黨紀不因黨內民主而渙散。當然，根本之計，仍在於及時以大力改革的作為，提升黨

的形象，亦所以增強黨在政治動員的實力，則黨的陣線自可於「分」
中求「合」。

77 年 7 月 16 日《中國時報》

商務考察與政治立場

　　由於經貿官員及業者組團赴蘇聯訪問，引發了現階段中蘇關係的爭議。在執政黨中常會中，中常委沈昌煥氏三度發言，嚴厲指責經濟部失策，強調「欠缺敵情意識，如何治國？」其間，沈氏曾出示《蘇俄在中國》一書，憤然詰問陳履安及連戰道：「你們難道忘記了歷史的教訓嗎？」在肅穆和凝重的氣氛中，陳部長、連部長，甚至俞院長都受到震撼，在反應上，也都有點理缺詞窮，這恐怕不只是執政黨中央的家務事，更事關國家日趨開放的經貿政策走向問題。

敵情意識一成不變嗎？

　　沈氏離開總統府秘書長一職，並不當然意味對蘇關係的爭議就此銷聲匿跡，事實上沈氏所指責經濟部失策「欠缺敵情意識」，並謂數十年來蘇聯對我的敵意行為罄竹難書，豈可忘卻歷史教訓等，卻反應一種多年流行的政策思維，值得再加斟酌。

　　當然，我國飽經憂患，理當居安思危，但也不可一成不變地維持舊有的敵情意識，須知共產國家已是物換星移，反共人士總不能將眼前的蘇聯跟史大林和黑魯雪夫時代一體看待，當戈巴契夫主動而積極地與美國謀和，並大力推動政治與經濟現代化之際，中共也一反故常

向原為「冤家」的克里姆林宮示好，而自由中國亦正與海峽對岸緩和敵對的緊張關係，面對如此的政治氣候，我人自不可重申《反共抗俄基本論》和《蘇俄在中國》等歷史文獻中的政治立場，甚至據以排斥民間對蘇貿易的商業活動。明乎此，日前行政院新聞局的聲明：「蘇維埃常給世界和平的威脅」，「蘇聯一直是我們的敵人」，殊為不智，不免予人以固執不變的「敵情意識」而昧於時勢的感覺。

開放聲中經貿策略的定向如何

　　據了解，由臺灣省進出口公會籌組的訪蘇團，事前確曾得到行政主管當局的許可，訪問團中有兩名經濟部國貿局官員隨行，便是明證。而主管機關之所以首肯，顯然是基於近年來若隱若現之政經分離原則，即試探與共產國家進行貿易的可能性，特別是在解嚴之後，各方的反應，咸認政府在經貿政策上，當格外具有彈性，不妨有選擇地與無敵意共產國家往來，似已成為現階段經貿策略的新動向。那麼，民間組團訪蘇之舉，自可視為當前經貿政策的一部份，至少不悖於分散市場的策略定向。

　　然而，在沈常委以政治立場與敵情意識相詰難之際，經濟、外交從政主管何以未挺身為政策辯護？是為了顧全對黨國大老的禮貌，還是對所秉持的政策原則認知模糊信心不足？而與會的其他中常委皆不贊一詞，是默認沈常委之言作為中常會的看法，還是怕得罪人？抑或無甚高論？令人納悶！

　　已如上述，商務考察團訪蘇一案所遭致的非議，若是只基於「欠缺敵情意識」的理由，顯然是不適當的，因為無形中升高了政治立場

的敏感度，不啻使彈性化的經貿政策退守困局，也等於在變局中圍堵
了自己的出路。固然在詭譎的世局中，經貿措施也應當有政治面的考
慮，但不宜反應過度，我個人以為對蘇貿易不是一個孤立的問題，而
是現階段經貿政策的一環。落實的說，要釐清決策定向，究竟是不是
要走向開放？既有意與無敵意共產國家作生意，民間組團訪蘇作市場
調查，有何禁忌？至於將來對蘇貿易的利益如何，是否值得進一步的
拓展，那是一個純粹的商務問題了。

評估訪蘇案的指標

擺開意識形態的羈絆之後，政治外交上要面對的是不造成美國和
中共的誤解。平情而論，華府表示關切是正常反應，我方應不卑不亢
的尋求諒解，只要取信於人，我國反共的立場未變，亦絕無「玩蘇俄
牌」之意；他日縱然通商，也將以不轉移美國之高科技到蘇俄集團為
前提，想美方不致小題大作的有所干預；中共正熱衷於跟莫斯科從事
政治性之修好，當不會因臺灣民間對蘇進行貿易活動而誣我聯俄。作
此剖析，可知沒有什麼理由把訪蘇案當作敏感話題，理性的評估該是
「在商言商」了。

訪問團此行考察重點在於蘇聯是否為值得開發的市場？據報導大
部分團員均持肯定態度，目前初步了解，木材原料、紙漿、鋼鐵、基
本金屬、原棉、皮革、及高級醫療器材等，均具發展潛力；而成衣、
鞋類、電腦、電子製品、及汽車零件，則是蘇聯極為欠缺的消費品。
然而，因體制隔閡必定會衍生重重的貿易障礙，也是可以想見的。

對蘇貿易的最大難題，乃是蘇聯嚴重缺乏外匯，致購買力甚為薄

弱，這是共產國家的通病，故工商界不可滿懷浪漫的憧憬，而是應作理性評估，如何針對其計劃經濟體制以建立貿易管道，進而配合其年度計劃的需求以開拓市場，實爲極其艱苦的挑戰。

揣摩知識界和企業界的公意，總期盼經濟、外交部門不要因爲中常會中的責難而亂了方寸，應當果敢地穩住經濟自由化的定向，千萬不要讓走向開放的經貿政策又浮動起來。商務考察團帶來的爭議，以至於對蘇貿易的展望，是該愼作評估的，但是理性的評估要在經貿主題上知己知彼，權衡得失。在別人推崇「經濟學臺北」的時刻，臺北豈可感染「政治掛帥」和「鳥籠經濟」的晦氣？

執政黨中常會再行檢討訪蘇案的時候，至盼常委諸公，愼思明辨，在有所「裁奪」之前，務必洞察當前時勢，估算國家利益，並力求契合社會脈動，而不只是責之以春秋大義，更不可在「敵情意識」的激情中，讓經貿政策失落彈性。

77 年 10 月 18 日 《中國時報》

附致中時啟事

編輯先生：

敬啟者，十月十八日「時論廣場」專欄刊出拙稿標題為「記取歷史教訓，兼顧實際利益」，副題為「審慎處理中蘇關係」。本人至為訝異！按拙稿原標題為「商務考察與政治立場」，全文意旨強調當前經貿政策不宜在僵化的政治立場中失卻彈性，不同意以「歷史教訓」與「敵情意識」固步自封，並以執政黨中常會中的爭議為線索，批評政務官未能果敢地為開放政策辯護，以及行政院新聞局聲明「蘇聯一直是我們的敵人」殊為不智，進而建議黨政部門，宜對訪蘇案作理性評估，在政治立場上，勿反應過度，只要尋求外界的諒解，不造成「聯俄」的錯覺即可，毋庸因歷史恩怨弄亂了經貿政策的方寸。

貴報十八日刊出之標題與拙文原意大異其趣。本人治學為文，一向忠於知識分子之良知，從不作違心之論，鄉愿之言，今有此出入，不免造成困擾，特此奉函，請予刊登，俾向讀者有所澄清也。順頌

編安

謝延庚拜啟　十月十九日

平實施政、勿存浪漫憧憬
———新內閣施政平議

　　新任行政院長李煥在首次院會中，提示四項施政重點，大致扣緊廉能政府、政黨政治、年底大選，及大陸政策等重大課題，有所主張，言辭鏗鏘有力，頗能予人以強勢內閣的印象，惟權衡時代潮流與客觀情勢，新政中的某些理念，似有可議之處。

對「廉潔」的詮釋值得商榷

　　重點之一是「建立廉潔、有作為、有效率的政府」，期間李院長對「廉潔」有所詮釋：「廉潔是以公務員為榮，為民服務，若太在意薪水和待遇就不要來公家機關」，這種說法，或許是本乎「犧牲奉獻」的理念，但面對當前的工商業社會，這般期許恐怕是不切實的。政治學家麥考斯（Robert Michels）有言，為政者決策之際，不可期盼眾人為聖賢，而是要體認世俗中人多存自利之心（self－interest），有此認知，政風才不致流於虛矯，政策也才不會落空。如不諱言，公務員不在意薪水和待遇的，能有幾人？平情而論，我國公務員的薪資結構，大體上承襲非常時期的格局，長期以來待遇顯然偏低，即使比之於其他亞洲小龍，也不免相形見絀。今國家財力寬裕，新內閣在倡言

廉能政府的同時，理當檢討公務員的薪資水準，作合理的定位，豈可一味標榜「義利之辨」，要管理衆人之事者，但以公務員爲榮，而不計待遇多寡？

依據行政學家賽蒙（H. Simon）的學說，在政府機關中，要求成員多所「貢獻」，就得相對地提供「誘因」（薪資當然是重要的誘因之一），此所謂「平衡理論」，否則可能導致組織的枯萎，功能的衰退。美國「聯邦俸給比較法」除設定「同工同酬」的規範外，甚至有「俸給應與私人企業做比較訂定」的新趨向。

時代在變，潮流在變，新內閣想銳意革新，力求政府展現廉能風貌，值得喝采，但面對世俗化（secularization）的政治社會，不得不正視公務員待遇問題，即基於「平衡理論」，著意於人性的管理，才能掌握提昇工作士氣的樞紐。另一方面，當斷然施展鐵腕，厲行肅貪，方能契合社會脈動，令人耳目一新。

不可迴避國會結構調整問題

李煥院長對政治革新的展望，強調「落實以民意爲基礎的議會政治、政黨政治與責任政治……」如果這不是口號，便是新內閣的頭等難題。且慢說政黨政治與責任政治，因爲那是千秋大業，評析國內的政治環境，若要落實議會政治而不悖於民意，則國會結構的調整，乃是首當其衝的課題。在反對黨鼓吹「全面改選」的壓力之下，對於四十年不改選的國會，政府提出「充實」而不「改造」的調整方案，政治革新的步伐已嫌遲緩，而各方寄望殷切的中央民意代表志願退職條例，又落得反應冷淡，如何善其後，未見具體對策，對年底大選而

言，顯然是不利於執政黨的一大變數。

國會結構調整，委實是殊為棘手的難題，老代表戀棧不去，新內閣如何因應，有無錦囊妙計？我人難以蠡測，不過，有一點是可以確知的，拖延不決或聽其自然，必定使執政黨蒙受嚴重傷害，並將在民主憲政上造成無可避免的損失，值得警惕！

爲何不以端正選風爲重點

對於年底的選舉，新閣揆只說「非常重要」，何以故？只說「年底大選是選罷法通過後首次選舉，各政黨有多人參選，各級政府應妥善辦理選舉」，對於期待「新人新政新氣象」的國人而言，這樣的輔選指示，似嫌粗疏而欠缺新意。

並不誇張的說，多年以來，臺灣地區的各級選舉，選務行政的進步，頗為可觀，諸如選舉名冊的編造，選舉監察及投開票之作業等，可說業已臻於超然、公正、準確的境地，即使與先進民主國相比，亦不遜色。然而，賄選成風幾為公開秘密，國民黨長期執政，自不能辭其咎！近年來，復興基地的憲政發展，好景繽紛，中外皆有佳評，惟選風敗壞，並無起色，豈僅是白璧之瑕，且足以斲喪民主的生機！今年，國民黨率先採行初選，固為黨內民主的新猷，但對選風而言，則是雙重考驗，識者不免引以為憂。

新內閣既著意於黨政革新，何不以打擊賄選、端正選風為首要之圖？倘若賄選不止，定期選舉等於定期的政治污染，對選風中的「賄」與「弊」，大家習以為常，黨政界亦無動於衷，但以贏得選舉為職志，於是廉能政府之說，豈非徒託空言？久而久之，不獨民主政治

因而失落光彩，民風亦將不堪聞問！

　　歷屆選舉，執政黨總是能獲得百分之七十左右的絕對多數，今為匡正選風，若能果敢地發出打擊賄選的號召，必能獲得各方的熱烈迴響，「贏得選舉也要贏得人心」，多幾席少幾席不是成敗關鍵，更何況這項訴求的本身，將帶動選前的聲勢，為新內閣造就清正的形象，在選票上想必是成長的，而不是退落的。

不宜也不必升高對中共的敵意

　　至於大陸政策，李煥院長在院會中的提示，有「完成光復大陸使命」的語句；在執政黨二中全會的報告中亦曾重述，隨後由於受中共以暴力鎮壓學生運動的刺激，發表的談話更是火辣辣的，可說是鬥志昂揚，大陸政策彷彿因對岸突發事件而轉向，似乎一舉之間推移到敵對的局面。

　　回顧四十年來的反共歷程，先後有「反攻大陸」、「反共抗俄」、「光復大陸」、「反共復國」等階段，及至提出「三民主義統一中國」的號召，堪稱是劃時代的，代表了在反共的策略上有了異乎往昔的領悟，一則是反映「七分政治，三分軍事」的設想，再則是以臺灣經驗的指導原則—三民主義主動出擊，捨棄「反攻」和「光復」的字樣，也就可以淡化「以寡擊眾」的逆勢處境，確乎是頗具創意。

　　這兩年，政府的一連串開放措施，致兩岸關係的情勢丕變，敵意大為降低，針對大陸人民自由化、民主化的傾向，言論界評估「三民主義統一中國」認為未盡合宜，一方面顧慮三民主義與國民黨難以割捨；同時，大陸人民對三民主義未必了解，也未必信賴，因為資本主

義曾為眾矢之的，而社會主義與共產主義又普遍招致反感，民間流傳「什麼主義都是餿主意」，故論者主張代之以「自由、民主、均富、統一」，既可統攝三民主義的意涵，又可一目了然，並迎合潮流趨向。

　　兩岸關係的趨於緩和，對方顯然是為了要遂行「一國兩制」的策略，而我方之所以逐步啟動了開放之門，在認知上，或基於人道理由，或回應輿論壓力，甚或羼雜「反統戰」的意識，這也許是大陸政策至今難以形成的緣由。我人以為決策者應越過三心二意的糾纏，確認中國統一的希望，不在於豪奪巧取，而是憑藉著中國人對自由生活方式和民主政治制度的認同，職是之故，如何造就和平與安定的環境，以求積極推動民主憲政，持續發展經濟，以臺灣經驗為統一鋪路，才是上策。切不可心存僥倖，而求其立竿見影，特別是在大陸局勢動盪之際，執政黨及政府更要沉穩地貫徹此一理念，不慍不火地拿捏分寸，對天安門事件的反應，固然應給予民主運動熱情支持，並譴責血腥鎮壓的違反人道，但行止之間，貴乎冷靜平衡，黨政首長在文告或聲明中，不宜亦不必以「推翻」或「摧毀」等字眼，升高對中共的敵意。

　　總之，大陸政策應有理性的定向，不可在浪漫的憧憬或激情的衝動中迷失。

78 年 6 月 15 日《中國時報》

如何對待偏激的競選言論

月初舉行的三項公職人員選舉落幕了，縣議員及鄉鎮市長的選舉又將接踵而至，如何對待選舉過程中的偏激言論問題，尚未塵埃落定。日前政府表示要依法辦理，引起多方關切！在法言法，對所謂不法言論繩之以法，似為理所當然，然而，若依循政黨政治、民主選舉的義理來權衡，法辦不法言論之說，就很值得商榷了。

反體制言論成爭議焦點

何謂偏激的競選言論？實難以界定，對於依戀現狀的保守派而言，維新是偏激的；對於求新求變的維新派而言，保守才是偏激的，這種爭議令人困惑，幸好有政治學家羅維爾（Lawrence A. Lowell）指點迷津，他說：保守（conservative）的極端是「反動的」（reactionary），維新（liberal）的極端是「革命的」（revolutionary）。這個提示，大致勾畫出「偏激」一詞的輪廓。

歷屆選舉的政見，都會涉及若干敏感話題，甚至觸犯法律與政治禁忌，事實證明，今年這場解嚴後的首次選舉，更不例外。在千奇百怪的競選言論中，最具爭議者輒為帶有反體制意味的政見，如「臺灣獨立」、「新國家、新憲法、新國會」、「建立東方瑞士臺灣國」、及

「臺灣原住民走出悲情歲月，在自己的土地上自治、自決」等主張，中央選舉委員會認爲不可列入競選公報，因其違反選罷法第五十四條「候選人及其助選員競選言論，不得有煽惑他人犯內亂、外患罪，或以暴亂破壞社會秩序，或觸犯其他刑法規定之罪」，及「候選人政見審查標準」第一項，「煽動他人破壞國體、竊據國土，或以非法方法變更國憲、顚覆政府」。

審查競選言論是否違法，尺度的拿捏易滋爭議。不同立場的人，固不免見仁見智，即使在選舉委員會內部，看法也不一致。例如宜蘭縣、高雄縣選委會即曾秉持從寬審查原則有意容許「自決」、「新憲」等政見過關，而中央選委會則期期以爲不可，後來雖因地方選監小組被迫讓步而平息爭端，但顯示對於偏激競選言論之規範，確有可議之處，顯而易見的是失之於籠統，解釋的寬嚴之間，差距甚大。精神緊張、心懷疑慮的執法者，或許相信候選人及其助選員會「一言喪邦」，有「煽惑他人犯內亂外患罪」之處，其實，嚴謹的說，奢言「新國家」並不等於「破壞國體、竊據國土」，標榜「新憲法」也並不就是「以非法方法變更國憲、顚覆政府」。對於此等反體制的政見，不予列入具有公文書性質之選舉公報，是可以理解的；要依法追懲，就大可不必了。

至於「停止戡亂」、「廢止黑名單、保障人民出入國境之自由」、「擊碎專制獨裁、暴力走狗」，及「停止假藉司法進行政治迫害」等主張，並無「臺獨」、「分裂國土」或「顚覆政府」的意涵，認定其爲偏激言論，不許在選舉公報上刊登，豈能無爭？可見不爲選舉委員會所接納的政見，未必就是違法的，也不是法律所能制止的。

法律制裁昇高抗爭形勢

　　政治問題不可訴諸於法律解決，乃是民主政治的通則。選舉期間，選監單位常為追查偏激言論而人仰馬翻，其歷盡艱難險阻的作為，是否具有意義？頗成問題。

　　平情而論，選戰激烈之際，參選者求勝心切，往往有意無意地逾越規矩，譁衆取寵者有之，人身攻擊者有之，故作驚人之言，以示不畏權威或敢於衝破禁忌者亦有之，如一律繩之以法，則候選人動輒得咎，因言責而引起之選舉官司，多如牛毛，豈不是民主政治的諷刺？根據發展中國家的經驗，依恃法律制裁偏激的競選言論，往往會升高抗爭的情緒，另一方面，勢必刺激執法者橫加壓制的衝動，朝野衝突的結果，可能會帶來動亂或政治衰退（Political decay）。

　　當今之世，民主政治具有「市場取向」的特質，政黨及候選人刻意投合選民的好惡。臺灣地區選民的投票行為，理念色彩淡薄，價值觀念亦甚模糊，因而參選者便不能忘情於感性訴求。這些年來，反對黨派人士，扮演強烈抗爭角色，或受難者家屬，常能從選舉中脫穎而出，於是向法律挑戰以牢獄之災換取政治資本者，不乏其人。競選文宣作品中，多的是「當選過關，落選被關」之類非政見的訴苦言詞；也有候選人搬弄一己的「英雄事蹟」：「因抗議司法不公，佔領臺北地院，判刑五個月」，多少反映了這個社會法治低迷的情境。對選舉中的偏激言論或反體制主張，如只嚴於法禁，徒然造成更多的「哀兵」和「傳奇人物」，我人很難想像若因言責而衍生「當選無效」之訴，那是什麼光景？

改革腳步蹣跚累積民怨

偏激的競選言論之所以不可遏抑，並非無風之浪，臺灣與大陸分裂四十年，乃是「臺獨」心結難解的重要背景。姑且不談獨派的政治恩仇，大陸鐵幕敞開之後，極權統治與貧窮落後的窘狀畢露，此地住民不免對「統一」心懷戒懼；六四天安門事件，使「一國兩制」的神話不攻自破，無形中助長了「臺獨」意識，故統獨之爭在此次選舉中喧騰一時，似乎比公共政策的政見更為引人注目，毋寧是很自然的事。

再就國內的政治情勢而言，國民黨長期執政，一黨獨大，動員戡亂的戒嚴體制，特別是「萬年國會」，鬱結了多少怨懟與憤懣！這兩年來，面對期望升高的民意，執政黨主導的改革，腳步蹣跚，未能有效因應變動社會的重大衝擊，諸如治安、環保、股市、房地產、地下金融等問題，莫不風風雨雨，民有怨聲！在如此的變局之下，解嚴後的選舉，偏激的競選言論充斥，實為意料中事，當局應有這般的體認與理解，不可只想撻伐異端以整飭風紀，尤其是執政黨在選舉中首嘗敗績，當省思偏頗的訴求為何得勢？便可知所炯戒，也才能心平氣和地對偏激言論持寬容態度。

坦率的說，以往的大半個世紀，在戒嚴體制下進行民主選舉，反對勢力的南腔北調之中，縱有大肆抨擊或標新立異者，亦不致過於逆耳。如今，政治權威面對「無法無天」的言詞，委實難以「平常心」因應，但在駭異和氣憤之餘，還是不得不調整心態。這些年來，既能解開「漢賊不兩立」之類敵我立場上的死結，對偏激的競選主張，何

不任其在言論市場中浮沉，久而久之，也就見怪不怪了。

言論是非訴諸民間公評

　　古人云：「防民之口，甚於防川」，我人以為對偏激競選言論之處置，可不予法辦，而是使其接受社會的評價，蓋政黨及候選人的政治生命寄託於民間，其所顧忌者，公眾的指責，有甚於法紀的懲罰。職是之故，應避免以法度衡量競選言論的責任。溯自選罷法頒行以來，每次選舉，選監小組總是如影之隨形，查察候選人的言論是否合法，但未曾有過因言責而遭法辦的成案，亦未曾有過群眾因受競選言論「煽惑」而犯「內亂外患罪」者，顯示法辦不法競選言論的想法是不切實的。

　　解嚴之後的選舉，「臺獨」或「新國家」言論，雖不被許可，但事實上是存在而流傳的，若一味視如寇讎而引為禁忌，就民主國家開放社會而言，畢竟是不相宜的，何妨當它是一項各方關切的話題，作公開的理性的探討，針對國家認同、內外形勢、兩岸關係、及人民福祉的利弊得失，慎作評估，則大是大非愈辯愈明。不過，這是政治上高層次問題，由於十分敏感，大眾原甚隔膜，在義理未明之前，何去何從，不宜貿然付諸公決，較為理性的態度，是肯定其屬於言論自由的範圍，但應設定分際或界線，譬如以不造成「明白而立即的危險」為度。

　　默察當前形勢，百家爭鳴之際，人民對國是的認知和辨識，不無困惑，甚至有迷失之虞，此刻知識份子理當扮演積極角色，作為意見領袖，彰顯公道，以導正偏頗的思想言論，無奈當前輿論界的難題之

一，厥爲公信力的低落，考其緣由，可說是「冰凍三尺，非一日之寒」，往昔戒嚴時期，言者大多有所顧忌而習於故常，未能對政事之積弊痛加針砭，不免予人以攀附威權的印象。如今，風行鳴放，政論文字凡涉及批評反對黨者，即不無爲執政黨傳聲之嫌，莫不歸於保守頑固之列；強調「臺獨」足以引發中共武力干犯之危機者，則被民主進步人士視爲八股，直覺地認定不過是國民黨假中共威勢壓制對手之說詞，言論趨於兩極化之後，就更有「理未易明」之嘆了！

知識份子理當挺身而出

爲今之計，但願素無鮮明政治色彩的清流之士，本乎知識良心，勇於批評政治權威，也要不迴避國家認同問題，義正詞嚴地檢討反對黨的偏差，指出怎樣才能讓憲政體質振衰起敝，又怎樣才能在民主的道路上趨吉避凶？既是心知肚明，爲什麼不站出來講清楚？

偏激的競選言論，其來有自，絕非法律制裁所能止息；理性的辯證，別有助於觀念的澄清、公意的凝聚，但恐怕難以從根本上化解。最可依恃的還是當政者的開創作爲，以及問政者無畏無私的督促，締造順應民心的政績，才是釜底抽薪之道。威廉・艾本斯坦（William Ebenstein）在其經典之作《當代的主義》一書中，論及社會主義何以在美國不成氣候，實因「新政」（New Deal）使社會主義黨（Socialist Party）失卻吸引力所致，該黨於一九〇一年創立，在一九〇四年的美國大選中，一鳴驚人，獲得四十餘萬票，傲視其他小黨。三〇年代社會黨更利用大不景氣的風潮，趁勢揭櫫批判言論，終能大有斬獲，得九十餘萬票，聲勢浩大，及至羅斯福當選總統，厲行「新

政」，吸納了社會主義的神髓，一九三六年的大選，社會黨尖銳不減，鋒芒依舊，但選民心向「新政」，對於比「新政」更「新」的政見，望望然而去之，於是該黨僅得一萬八千票，可謂一落千丈！

到了一九五六年，共和黨的艾森豪總統競選連任，以安定與繁榮（stability and prosperity）爲號召，走偏激路線的社會黨已是山窮水盡，僅得二千票而已。

開創新局化解偏激主張

另一例證亦發人深省，英國勞工黨的崛起，無形中化解了偏激的政治思想，它始終信守民主政治的理念，更確切的說，不偏執社會主義以免逾越憲政規範，一九三三年宣言：DEMOCRACY VS·DIC-TATORSHIP，稱共產主義爲左派偏激政黨，稱法西斯黨爲右派偏激政黨，同爲極端主義。

戰後工黨的「福利國家」（WELFARE STATE）政策，使左派無用武之地，民主得以安頓、社會欣欣向榮，階級革命的偏激主張，也就乏人問津了。

總之，對待偏激的競選言論，引爲禁忌和繩之以法，都是消極的，足以招致怨憤與激化抗爭的，憑藉理性辯證，以及大快人心的作爲，予以化解，才是上策。

78 年 12 月 22 日《中國時報》

出「將」入「相」的代價

——談李總統提名郝將軍組閣

李登輝總統提名國防部長郝柏村組閣，這一項人事案，似與政爭相糾結，由於時機上是在前一波副總統提名風潮之後，及這一波「閣揆攻防戰」趨於白熱化的當兒，因而格外令人側目。各方對李總統的決定感到意外、驚訝，和困惑！這種反應，固然是「天威難測」的決策模式招致反感，但主要還是因為對軍人出任行政首長的疑慮。

民主里程的倒退疑慮

不論李總統基於何種理念，是怎樣的為國為民，在解嚴之後加速推動民主憲政的時刻，任命軍事強人組閣，就政治發展的意理而言，不能不說是一種倒退，也可以說是「政治衰退」(political decay)。蔣故總統經國先生曾斷言軍人決不干政（雖然時下的說法是軍人從政或軍人主政不等於軍人干政），在他主政期間，始終不容許軍方越雷池一步，遇有將帥在權勢上自我膨脹，或與黨政界結納關係，即使是一向寵愛的心腹，亦不惜痛加貶抑，其用意無非是要把軍人定位在「執干戈以衛社稷」的角色上，這本是自由世界民主政治的常軌，特別是走向民主的發展中國家，軍人介入政治，總是會引起民間的恐懼！

盱衡當代潮流，在民主化的過程中，軍人的角色應當是消極的，要跟政治劃清界限，縱然是位居要津的將帥，亦不容與聞政事。一九五〇年代，美國駐遠東統帥麥克阿瑟將軍，在韓戰中因指揮仁川登陸而名滿天下，但因議論華府政策而遭杜魯門總統免職。

以郝柏村與艾森豪相比的似是而非

近日來支持郝柏村組閣者，總是引述艾森豪做總統的例子，以證明軍人主政的正當性，這是一種看結果而不看背景和過程的剪接，要知道美國是民主先進，其軍隊自始即是國家化的；再說這位諾曼第登陸英雄的從政，並不是因接受任命而平步青雲的。

一九五二年，當共和黨決定徵召艾森豪投入總統提名的候選行列之際，艾氏尚留駐巴黎盟軍總部，一方面顯示其鎮定和忠於職守的精神，一方面讓人在佇望中關注其動向。七月初（共和黨全國代表大會前一個月），他返抵華盛頓，並於次日退除軍職，同時發表致國防部長勞偉特（Robert A. Lovett）的公開信，表示願意放棄每年美金一九五四一‧八〇元的退休俸，流露對利得之事無所眷顧的豪邁之氣，此等備受讚譽的作為，使爭取提名的活動先聲奪人。儘管如此，他還是要遭遇最強的對手——有「共和黨先生」（Mr. Republican）之稱的塔虎脫（Robert A. Taft）參議員，攻其要害地說：「將軍只會打仗而不適合主持中央政治。」

尋繹上述原委，可知這位曾任哥倫比亞校長的儒將，是通過黨內外激烈競爭的考驗才能主政的，而郝氏的由「將」而「相」，但憑貴人提攜，自與艾帥故事不可混為一談。

實權總統與強勢閣揆之間

　　無可諱言，郝柏村的被提名，與當局的權謀運用脫不了干係，而總統與閣揆之間的權力分配，似爲雙李齟齬的暗礁之一，職是之故，李總統明說要找對他忠誠而又能與他配合的人，跡象顯示，過去和往後他都會是一位實權總統。照理說，任命郝將軍組閣，也許只爲賞識其長才，但自局外觀之，這一回營造的領導中心，李總統將綜攬黨、政、軍大權，強人已去，然而，威權體制卻又若隱若現，顯然與民主潮流和社會脈動相背離，民間豈能無憂？一心要彰顯治能以厲行改革的李總統，也得設想如何淡化統治結構上的專權色彩，不要以爲在兪內閣、李內閣未能盡如己意，此一時也，跟一手扶持的郝內閣關係不同，必能得心應手，一切好辦。須知治安問題固然會導致社會不安，反民主的寡頭統治，也會威脅「免於恐懼的自由」，造成政局的動盪和不安。

　　審察內閣制國家的通則，元首虛位，閣揆爲行政首長，向國會負責，責任政治得以確立。我國憲法雖明定行政院長爲行政首長，但同時賦予總統以實權，而行政院長由總統提名，在「臣屬的政治文化」之下，徵諸往例，行政院長總是以總統的馬首是瞻（偶有例外）。今李總統「慧眼識英雄」，大膽起用軍人組閣，本乎常情，郝先生自當感念知遇，決策定計之時，少不了要仰體上意，於是李總統即使有意「不爲天下先」，也會在不經意之間，集大權於一身了，那時候，不管怎樣誓言民主，也擺脫不了「民主集中制」的格套；不管怎樣銳意開明，也只能落得一個「開明專制」的結局。

李總統物色閣揆之初，即強調魄力與擔當的條件，如今，軍事強人入選，若祇是看中其軍人以服從爲天職的慣性，及忠誠不二之情操，則魄力與擔當的條件將了無意義。若果眞要借重其魄力與擔當，新閣揆以強人表現強勢，總統又不肯甘於無爲，一山二虎，豈能無爭？衡情度理，強勢總統與強勢閣揆恐難連袂而行，政治舞臺上的巨頭之間，只靠「肝膽相照」的情義是不夠的，還要懂得依循腳本的定位，謹守角色分際，這一點，實爲府院關係乃至於李郝體制的一項考驗。

日前李總統表示要掌握外交與軍事，意謂此外皆由內閣主其事。這樣看來，似爲分而治之的格局，稍加思索，又覺得有點虛幻，蓋新閣揆不諳財經文敎，而李總統皆不陌生，未必能置身事外，於是名爲分治，骨子裡，不屬於總統之職權亦由總統定奪，閣揆不過備位而已，又如何展現魄力？如不幸而言中，無論郝將軍安之若素抑或憤然求去，對原本羸弱的體制，對一再告警的政局，都將是難以承受的政治風暴！

換一個角度，設若李總統能服膺內斂的和涵容的哲理，揭櫫「事不必躬親」、「成事不必在我」的原則，作養望而不攬權的節制，讓內閣的歸於內閣。析言之，決心作民主憲政下的總統，但不是美國式的，也不利用萬民望治之心，趁勢步法國戴高樂或蘇聯戈巴契夫的後塵，在作法上，不妨與閣揆共商國是，不過，要嚴謹地拿捏憲法規範的分寸，只作期許與支持，而不越俎代庖。

異哉！所謂「七人決策」

上述共商國是的模式，是想在實權總統與強勢閣揆之間謀求妥協，基本上，還是盼望總統要臨空些，多授權，少介入，好讓責任政治得以落實。

今見《中國時報》報導，爲強化參與，避免專斷，李總統表示，今後對重大政策的處理，將由七位高層黨政首長共同會商云云。容我直言，所謂「七人決策模式」，顯得有點唐突，也令人費解。大概是爲了要平息決策壟斷的批評，將決策的內圈（inner circle）略微向外延伸，似乎是可以理解的。然而，這麼做，恐將引發一連串的問題，第一，易爲外界誤解爲集體領導，無形中削弱了內閣的職權。其次，這七人小組如何定位？是否類乎當年英國的「廚房內閣」（kitchen cabinet）？不期而然地取代了其他諮詢體系，甚至冷落了執政黨的中常會。若是像蔣彥士所透露的，相當於總統個人的「智囊團」，果如此，也欠聰明，這世界上的總統，都有數不清的謀臣策士，又何必擺出太上決策體系的架式，列舉三五人或六七人的大名？有沒有想到會徒滋困擾？譬如「七人決策小組」名單的擬定，倘爲體制外延攬的「幕賓」，尚不致橫遭物議；任意選擇體制內的政要，不免厚此薄彼，啓人疑忌。

總之，擴大決策參與之用意甚佳，但此一作法不無可議。套用李總統「病」與「藥」之比喻，筆者的忠言是：不可因利乘便（expediency），亂用「偏方」，或只著眼於一端之「病」，而忽略可能衍生的副作用，就會搞出大毛病來。

怎樣澄清軍人當政的疑慮

老實說，由經歷大半個世紀戎馬生涯的軍事首長出任行政首長，對自由中國當前的政治生態而言，是格格不入的，引起「軍人干政」或「軍人當政」的疑慮，毋寧是很自然的事，表示多年的民主教育還有一些根柢，是以立法院中部份執政黨黨籍立委的異議、大學生的和平示威，及反對黨的誓言杯葛，都是開放社會中的民主氣象。要不然，若是欣然接納軍人主政，大人先生和學者名流還很慶幸「治安有救」，說是「國家之福」，那才是怪事，至少是欠缺憲政素養的反應。

目前輿論界有籲請李總統收回成命者，有期盼郝部長不接受任命者，此等聲音，可視爲憂國憂時的抗議，實際上，不過是無力回天的呼號！默察眼前光景，立法院的同意權，也將是虛晃一招，郝將軍想必能輕騎過關，然而，這並不等於天下太平，總統就職和閣揆上任之後，就算國民黨全面動員，美言繽紛，也很難撥開「軍人干政」的疑雲。君不見連大法官會議二五〇號解釋，認定停役「自無干政之虞」的說法，已受學界責難，由於郝柏村是終身職的一級上將，是否符合憲法「現役軍人不得兼任文官」之規定，不無疑問，郝氏雖已於去年停役，惟停役轉任文官之軍人，旣可隨時回役復職，不免予人以文武界限模糊的感覺，軍人介入政壇的陰影仍揮之不去。

「人之相知，貴相知心」，澄淸疑慮，不可只著意於咬文嚼字的法理之爭，莫若由主角向大衆推心傾訴，吐露對軍職軍權無所依戀的眞性情，才能安撫忐忑的人心，郝將軍嘗以艾森豪自況，何不取法其灑脫作風，旣受命卸下戎裝，當隨即向國人作莊嚴承諾，從此斷然退除軍職，讓上將軍的頭銜成爲榮譽而已；甚至說得更明白些，即使他日閣揆任滿，亦決不回歸將帥地位。如此磊落地表明心跡，必能博得海內外的采聲，「軍人干政」的疑慮，自可冰釋。有人說，即將走馬上

任的郝院長，如不同時具有「鎮國大將軍」的威儀，驅邪的符咒會不會失靈？這種看法，恐怕是基於挾持軍威以從政的心態。其實，在文人政府和「正當法律程序」的前提下，調兵遣將打擊魔鬼的那一套，顯是無用武之地的，又何必背負這柄很惹眼而實已塵封的劍。

　　平情而論，以言當前局勢，軍人從政是吃力而不易見好的，不過，從另一角度看，目前國人望治之心空前的殷切，可說是「英雄造時勢」難得的機會，如果在重振公權力及解決治安問題方面有所突破，而又不踰越憲政秩序，維持文人政府的風貌，也未嘗不能創造讓人一新耳目的政績。

79 年 5 月 13 日《中國時報》

現代政黨政治的主流及其趨向

所謂政黨政治，簡單的說，就是由政黨在政治舞臺上扮演主要的角色，說得更明白些，政黨政治的實質意涵，就是在民主體制之下，同時有兩個以上的政黨存在，透過定期選舉，作公平競爭，並有和平更替與交互執政的可能。

在近代，幾乎把民主政治和政黨政治看成同義詞，自由世界民主國家，莫不標榜政黨政治或以追求政黨政治爲職志。本文擬以巨視的角度，鈎畫政黨政治在當代所形成的主流及其發展趨勢。

中產階級政黨成爲主流

研究政黨頗具盛名的學者杜佛傑（Maurice Duverger）將世界上多如牛毛的政黨，化約爲三大類：㈠十九世紀中產階級政黨（The middle–class parties of nineteenth century）；㈡歐洲大陸社會主義政黨（The Socialist parties of continental Europe）；㈢法西斯黨和共產黨（Fascist parties and Communist parties）。最後一項屬於極端政黨（radical parties），通常不列入政黨政治的研究範圍。

十九世紀中產階級政黨是籠統的稱謂，實以英美政黨爲典型，如：保守黨、自由黨、共和黨、民主黨等。它的特徵，乃是具有廣大

的代表性，在階級意識上無所偏執（與其說是中產階級，還不如說沒有階級），落實的說，英美的政黨，大體上是不講主義的，它們只講政綱（platform）（又稱黨綱），在特定的選舉中，提出政治主張，對選民作承諾，如此而已。其所以有意避開意識形態（ideology）的問題，無非是為了擺脫固定立場的牽累，以符合潮流和政治環境的需要。從二十世紀這幾十年的局勢看來，中產階級政黨顯然已居於主導地位，成為新時代的寵兒。

歐陸社會主義政黨，總是不能忘情於意識形態，在立場和使命感的羈絆之下，步履蹣跚，似有漸趨蕭條的跡象。這些年來，法國及義大利的共產黨，曾先後表態，不再堅持無產階級專政的路線，甚至德國的社會民主黨，亦宣佈放棄階級立場。論者或謂這不過是政黨掩人耳目的策略，是一種姿態，我人以為即使是策略或姿態，也是被客觀的情勢所迫，要爭取國會議席，就不能作為階級政黨，否則便得不到廣泛的支持，得不到廣泛的支持，也就注定萎縮與沒落的命運了。

審察潮流的動向與政治發展的軌跡，資本家壟斷和無產階級專政的格局，俱已不得人心，不合時宜，並已呈現疲態，明乎此，中產階級政黨之所以得勢，便不難理解了。

掮客黨的強勢與使命黨的弱勢

大勢所趨，當今之世的大黨，「掮客黨」（broker party）已居於執牛耳的地位。所謂「掮客黨」，係指政黨扮演經紀人的角色，充分流露市場取向的色彩，不拘泥於絕對的價值觀念和政治立場，只關心選民的需求，一如工商業者刻意迎合消費者的喜好。政治學界，目前

相當重視此一流行觀念，例如美國耶魯大學林伯樂（Charles E.
Lindblom）教授著有《政治與市場》（*Politics and Markets*）一書，
就是從行銷的觀點來談政治，確認當代政黨與政治人物對意識形態的
日趨淡薄，夢寐以求的只是如何經營選區，張羅選票，進而當權在
位，最能刻畫「掮客黨」的特質。

　　與「掮客黨」成對比的是「使命黨」（missionary party）（又稱教
士黨，喻其固執理念，著重於坐而論道，講理想，如同教士傳教），
由於陳義過高，自然易於和民間脫節，也就難以在基層紮根。再者，
使命黨不乏精英之士，在政治上往往浸沉於意理之爭，強調有所為有
所不為，凡夫俗子不免望望然而去之，其結果就是想當政也不能當政
了。

　　政黨崇尚清談，縱然揭櫫相當高明的理念，但對於芸芸眾生而
言，畢竟是曲高和寡，久而久之，就會削弱選民大眾的認同感，猶如
蝸牛困守在一己的甲殼之中，實為使命黨的致命傷。

　　「掮客黨」之所以不堅持偏頗的立場，目的是想把路走得寬廣些，
以營造有利於當政的機會。在歐美，政黨的政綱隱約中有一通則，那
就是總要具有包容性的特點，即迴避偏激的立場和尖銳的言詞，以免
投合一部分人的口味，而失卻相對地許多人的支持。誠然，多元化社
會中的政黨，經歷定期選舉的千錘百鍊，業已警覺民主政治為「多重
利益的政治」（multi-interest politics），在有所主張之際，首先要考
量各方複雜的利害關係，以免顧此失彼，唯有尋求兼容並畜的平衡，
才是上策。基於這種體認，民主國家的政黨，為了投合民意，常有所
見略同的政綱，甚至有所謂「互盜政綱」（platform-robbing）的情
事，即某一黨的政綱甚獲好評，其對手亦隨即作類似主張，例如第二

次世界大戰之後，英國勞工黨提出「福利國家」的政綱，頗受歡迎，後來保守黨也望風轉舵，依樣畫葫蘆地提出重視大眾福利的方案。可見政黨在民主選舉的壓力之下，不得不以民眾的喜好爲依歸，獨樹一幟或固執己見的空間很小，尤以安和樂利的政治社會爲然，職是之故，政黨之趨向溫和、折衷、寬容，自屬理所當然，這一點，羅西特（Clinton Rossiter）說得最爲透闢，他說：「沒有溫和與折衷，就不成其爲政黨」（no parties without moderation and compromise）。這裡所說的政黨，顯然是指在選舉中爭取全民支持的政黨，也就是「掮客黨」。

若以「掮客黨」與「使命黨」作對比，相形之下，前者佔盡優勢，後者似有逐漸偏枯的態勢，政治學者雷尼（Austin Ranney）因而作了一個判斷："The major parties tend to be of broker rather than missionary parties"，這個看法，頗能描述當代政黨勢力消長的動向。

幹部黨與群眾黨

幹部黨（cadre party）的特色，在於黨的成員與黨組織之間，不具有正式的聯絡管道，也不直接介入黨內決策過程（the internal decision - marking process of the party），黨務的運作與控制，大部分操之於黨的幹部或精英（elite）之手。而幹部與群眾也不是打成一片的，只有在競選和政治動員的時刻，才縮短彼此的距離。

群眾黨（mass party），顧名思義，黨與基層大眾（rank - and - file）是結爲一體的，黨員或黨的認同者（identifiers）很活躍地參與黨務，並透過組織行爲，左右黨的種種決定。

　　揆諸當代政治理論與經驗，政黨究竟應仰賴幹部抑趨奉群眾，往往面臨兩難的困境。英國政治思想家彌爾（John S. Mill）嘗謂民主思潮的衝擊，致公眾參與的形勢無可抗拒，「庸人的崇拜」也就無可避免，於是民主政治可能流於平庸和膚淺，這種憂慮，無形中凸顯精英之士在政治上的重要性，然而，時代與環境亦反映出其角色地位的限度。參與原則和精英原則孰輕孰重，何去何從？在取捨之間，使這位思想家終其一生爲之徬徨不已。

　　幹部黨與群眾黨，可說是十九世紀中產階級政黨與歐洲大陸社會主義政黨的縮影，也可說前者是精英原則的表徵，後者則是參與原則的體現。若就政治潮流的趨向而言，參與原則似有凌駕精英原則之上的氣勢，但檢視政黨政治發展的軌跡，卻適得其反，幹部黨歷久不衰，表現穩定成長的韌性；而群眾黨常在激情中旋轉，面對「政黨認同」（party identification）的考驗，有屈居下風的跡象，考其原因，主要是由於經濟發展與社會繁榮，改變了政治生態，無形中造成中產階級政黨穩固的地位，根據美國一九八〇年以來的調查研究，約有三分之二受訪者自稱是「溫和而保守」（moderate to conservative）的立場，顯示激進的政治行爲漸趨式微，也顯示選民對群眾黨的反應相當冷淡。

　　幹部黨的優勢，並不表示精英原則的無往不利，在所謂「參與爆炸」的壓力之下，任何政黨皆不能脫離群眾，也就是說，即使是幹部黨也要以群眾爲命脈，否則便很難在政治動員中達成任務。

　　另一方面，經濟發展和民生樂利，業已成爲政治市場的共同需求，在安定與繁榮的呼聲中，群眾黨不得不收斂群眾運動和激烈抗爭的氣燄，無論喜不喜歡，都得要委身於議會路線，在體制內求新求

變，才不致使追求當政的夢想幻滅。

形勢逼人，在變動社會中不斷調適和折衝的政黨，莫不著意於截長補短，對政治現實百般牽就。嚴格的說，當今之世，並沒有眞正的幹部黨及群衆黨的樣本，還不如說彼此多少都具有對方的特質，換言之，標準的幹部黨和群衆黨，事實上是不存在的，這是因應當代政治生態所形成的格局，或許可說是幹部黨與群衆黨的合流。

集權化政黨的分權化傾向

盱衡世界大局，一般的說，不論是在先進民主國家或發展中國家，政黨黨紀的維持，越來越感到困難。政治學界歷來有集權化政黨（contralized party）與分權化政黨（decentralized party）之分，前者黨權集中於黨中央；後者黨權分散，並非由黨中央統御全局，最典型的例子是美國政黨。很明顯的，集權化政黨的黨紀較爲嚴格，如英國的政黨及我國的中國國民黨皆屬之。不過，觀察當前政黨政治的動態，即使是集權化政黨也有分權化傾向，耐人尋味。

黨權分散，黨紀鬆弛，絕非偶然的事，只能說是客觀形勢使然，自由化與民主化的波濤洶湧，既有的組織行爲和政治秩序因而變動不居，政黨亦不能自外於潮流的，早年麥考斯（Robert Michels）所謂「寡頭統治鐵律」（iron law of oligarchy），在參與擴大黨權轉弱的情勢之下，似已面臨考驗。析言之，政黨和政治人物面對民主的政治氣候，玩權弄勢的行徑也就有了限度，縱然是集權化的體制，要以黨權維持黨紀，也會有力不從心和捉襟見肘的窘態。當權威、道義、與情感難以鞏固黨的陣線時，便祇剩下政治上的利害關係這帖靈丹了，換

言之，黨紀如何，端視政治人物對政黨依賴的程度而定，英國的黨紀始終不衰，並非黨權的威風所致，而是參選者不能沒有政黨的支持，換言之，獨立候選人成功的機會渺茫，正因爲政黨在選戰中舉足重輕，黨人當然不敢存玩忽之心，於是黨紀的尊嚴在其中矣。

近年來，中國國民黨的黨紀，隨著客觀形勢的波動，每況愈下，解嚴之後，更是雪上加霜，幾至散漫無度的地步。對於一個原爲高度集權化的政黨而言，不免會感受惶恐與難堪！其實，「黨外無黨，黨內無派」的時代，已是一去不返，「定於一」的黨權結構，亦因威權體制的瓦解而變得羸弱無力了。

黨紀的零落，不妨視爲政治生態轉換（ecological transformation）的結果，概括的說，社會多元化和政治民主化，導致黨組織的結構分化，於是分權化（decentralization）的動向便難以遏抑。面對此一變局，長期執政的國民黨若仍因循往昔章法，一味以黨權約束黨紀，誠恐難以有效規範，且有喪失威信之虞。

認眞的說，維繫黨紀並無萬全之計，能做的事，不外乎提升黨人對黨的信念，最實際的莫過於力爭上游，令人刮目相看。就國民黨而言，首要之圖，應即轉化革命政黨的屬性，定位爲民主政黨，淡化政治權威，黨中央當秉持「有容乃大」的氣度，只要不悖於民主憲政的基本立場，期許黨人勇於批評，使怨懟與忿懣之情，得以紓解。此外，並致力於溝通協調，寬容歧異，開展「和而不同」的氣象，以激發民主政黨的活力。當然，正本清源的作法，仍在於及時推動大力改革的作爲，樹立黨的形象，亦所以增強黨的社會地位，使政治人物對政黨多所依賴，則黨的陣線自可於「分」中求「合」。

政黨提名的民主化

政黨提名，使民主政治就是「民意政治」的理念得以落實。近年來，由於民主思潮澎湃，政治參與擴大，政黨政治自然會受到相當的影響，「黨內民主」的呼聲，對政黨提名產生了積極的導引作用。

試以美國為例，政黨提名制度的演變，可說是民主化的歷程。早期的政黨提名係由少數人壟斷，所謂秘密會制度，但是一八三〇年之後，就有了代表會制（convention system），即由黨人推選代表過關提名的事；後來有人批評代表會制度易受操縱，民主化的程度還是不夠，於是又在一八四二年創設了直接初選制度（direct primary system），不啻在黨內先作一次選舉，由黨人直接參與提名之事，這大概是目前世界上最民主的政黨提名制度。

如今政治學界有一種看法，認為政黨提名已不再是政黨內的事（party business），它要接受各方的關注與評價。

各國政黨提名不一定都走美國的路子，但初選的流風所及，卻不能不受影響。歐洲政黨原本具有集權化傳統，如今亦流露分權化色彩，英國保守黨及勞工黨的中央組織，一反故常，對地方選區候選人的物色，多不加干預。其他如西德、挪威、及瑞典等國的政黨提名，亦有類似的反應。再者，提名的過程中，政黨的立場力求超然，提供公允的制度和規則。讓黨內的競爭者公平競爭。政黨所扮演的角色是中立的，政治人物能否在政治舞臺上飛黃騰達，政黨的影響之外，還有其他關係重大的變數，譬如大眾傳播媒體（mass media），便是攸關政治人競選成敗的因素之一，因為它左右候選人的形象，甚至支配

選民的投票行爲，相對地，黨工輔選的作用，似已失卻往昔的風光。

結　語

　　總之，現代政黨在全民政治的壓力之下，無產階級專政與路線鬥爭已是窮途末路，威權統治亦告衰微，世界上極大多數政黨均爭相趨奉民意，擴大參與，此一動態，固然顯現民主化的成果豐碩，可是也爲政黨政治帶來了隱憂，由於民間對自由民主的期望升高，標榜直接民權，不滿政治現實，抗爭連連，政黨認同漸趨減退，黨紀難以維持，壓力相當沉重，政黨的因應之道，大體上是採擇迎合潮流，展示作爲、及樹立形象爲主的策略，以民意爲後盾，並藉以約束黨人依附黨的陣線，進而在政治競爭中取得優勢的地位。

七十九年九月《憲政思潮》季刊

透過選舉瓦解臺獨神話

——嚴辦有後果，不辦有問題，該怎麼辦？

民進黨第五屆第一次黨員大會所修正通過，將「建立主權獨立自主的臺灣共和國」納入黨綱一事，對執政黨是一大震撼，對全國各界也是前所未有的大震撼。

平情而論，民進黨這樣的作為，對國內政局安危和民眾禍福，投下不可測的變數，其失策是雙重的。

其一是立即繃緊兩岸關係，威脅國人免於恐懼自由，對原本脆弱的投資意願可說是雪上加霜，這當然不是一個負責的反對黨所該做的事。

再者，這項抉擇顯然悖離了當代政黨政治的大趨勢，蓋民主政黨政綱 (platform) 中，不包括虛無的政治神話，它只能選擇切實可行的主張，作為對選民的承諾。政黨對選民承諾是嚴肅的事，若是承諾不能在特定的時間內兌現，便是欺騙選民，也是自毀長城。職是之故，西方先進國家的民主政黨，包括社會主義政黨在內，不論其反對立場如何鮮明，總要認同國家和既有的憲政體制，然後在定期選舉中競爭，才能為選民所接納。革命路線和奪權鬥爭的把戲，已是山窮水盡，自為現代民主政黨所不取。

民進黨在多年來的選舉中，有穩定的成長，如今卻因地域意識與

革命情緒的膨脹而不能自拔，在發展的定向上，與民主政黨的規範背道而馳，令人惋惜！

面對民進黨肆無忌憚的作法，各方在沉痛和遺憾之餘，屏息以待的是國民黨的對策如何？的確，這對於國民黨的政治智慧，委實是一項嚴苛的考驗。落實的說，國民黨的領導階層對反臺獨是有共識的，但對於如何對付臺獨，恐怕是相當紛歧。在「嚴辦有後果，不辦有問題」兩難處境下，執政黨及政府是有進退維谷的苦惱。質言之，在眼前的政治現實中，已無「上策」。默察大局，抓人、解散反對黨等繩之以法的作為，未必能有效打擊臺獨，說不定還會有反作用，使臺獨以哀兵的姿態，在悲情中蔓延；同時，也可能為年底的選舉帶來情緒化的負面影響，這種作法可說是「下策」。

執政黨在承受衝擊之際，千萬不要一味升高討伐的聲浪，而是要為激越之情降溫，儘快地以冷靜的態度，先在黨內達成共識──選擇穩住大局的策略。在法律層面上，司法機關須在法言法，作明快認定與審慎研判。假定不預設「嚴辦」的立場，或許由於該項主張，係基於不確定的假設命題──即交由公民投票決定，而公民投票云云，不在現行法律與制度之中，也就是說，公民投票何時舉行、能否舉行？皆莫須有。故不必解釋為正面主張臺獨或分裂國土，換言之，基於罪刑法定原則，此一作為公民投票前提的臺獨主張，與國安法第二條及人團法第二條所禁止者，未盡相當，與刑法第一百條的「著手」實行之犯罪要件，亦有距離。

在政治層面上，執政黨應發表聲明嚴詞譴責，但應確認政治問題不能依恃法律來尋求「快刀斬亂麻」的解決。民進黨的不智之舉，不僅造成國家認同的危機，同時也有害於安和樂利的大局。在法律上雖

不構成內亂罪，但民進黨遊走法律邊緣危害國計民生，政府應由政黨審議委員會予以嚴重警告，並籲請全民共棄之。希冀在年底選舉中，展現民意的力量，讓臺獨黨一敗塗地，將可使蒙上陰影的政局再現光芒。那麼臺獨神話也就當可不攻自破。

　　這般因應可顯示政府力求穩定，進而持續推動民主憲政的誠心；且可明智地越過政治衝突與政治衰退（political decay）的陷阱。及至執政黨與政府臨危不亂的作爲，獲得國人喝采之後，海峽對岸自可逐漸了解臺獨不過是此地一小部分人的聲音，自由中國的憲政秩序依然穩如磐石，則「軟弱」和「縱容」的諷言諷語，即使仍有所聞，也就無傷大雅了，這算不算是還可以接受的「中策」呢？

　　　　　　　　　　　　80 年 10 月 15 日《中國時報》

誰錯估了形勢
——讀許信良接受訪問之談話有感

即將接任民進黨第五屆黨主席的許信良，自日本返臺後，對當前朝野緊張關係所發表的談話，顯然並未化解反對黨「騎上虎背」的險象，也未能爲「山雨欲來」的政局開創契機，令人失望！

只歸咎於執政當局有欠公允

許信良認爲當前政局的緊張，乃是執政當局反應過度所致，這句話有點語焉不詳，我人不禁要問，若說當局反應過度，孰令致之？民進黨做了什麼？是不是做得過了頭？怎可倒果爲因，撒下了可以燎原的火種，然後把導致社會不安的罪過，推卸給別人，卻說全然與民進黨無干，這不是負責任的態度。

誰錯估了形勢

當新聞記者問起「應如何面對當前緊張政治局勢」時，許氏答稱：「當前政局發展確實嚴重，我希望朝野有影響力人士，不要錯估形勢，做出錯誤決策，因爲後果誰都負擔不起。」旨哉斯言！然而，

究竟是誰錯估了形勢？在執政黨與政府方面，近日來似有決不寬貸的氣勢，筆者曾爲文忠告，對待臺獨，一味繩之以法是「下策」，對必須法辦者，則應在法言法，不預設嚴峻的立場，而是要謹愼地拿捏尺度，在政治氣氛上，不宜升高討伐聲浪，以免激化朝野對立。「統獨休兵」的言猶在耳，如今，獨派衝上前線，統派自然也會厲兵秣馬，在這關鍵時刻，執法者須保持清明嚴正，政府才不致跌入政治衝突的泥塗。執政黨尤其要節制黨內保守派的情緒反應。（容我直言，執政黨發言人謂黨內並無保守派之說，恐怕是吉祥話，世界上沒有哪一個政黨黨內無保守派）。

學術界理當秉持公道，一面痛下針砭，爲反對黨指點迷津，促其勿走偏鋒；一面力陳利害，諫勸執政黨要格外冷靜，才能穩住大局。

在民進黨方面的思維與抉擇，實在讓人深感困惑，「臺獨條款」納入黨綱一事，何其失策？在輿論界即使以往同情反對運動者，由於各方的怨聲，亦多有不諒解之反應，民進黨人欠缺現代民主政黨的圓熟智慧，置社會脈動與大眾福祉於不顧，而沉醉在「獨立建國」的激情之中，其結果是黨意嚴重地背離民意，這不能不說是錯估了形勢。

賭中共不動武　靠外國聲援

抑有進者，延續民進黨認定「中共不會對臺動武」的一貫說詞，許氏強調「了解國際形勢的人，就知道中共會不會對臺動武，甚至只要中共做出實質威脅臺灣的舉動，都會引起國際反彈，對中共政權、國際政治有研究的人，都認爲中共不會冒這個險，把中共政權說成非理性，這是對中共政府的誣衊，這不是事實」。

　　民進黨一向以爲搞臺獨中共也不會對臺動武，其所持之理則，也一向令人費解。即將上任的許主席，在這敏感時刻，對新聞界發表中共之所以「不會對臺動武」的大道理，竟然是甚至中共只要做出實質威脅臺灣的舉動，都會引起「國際反彈」云云，這種邏輯，出自一位政黨領袖之口，尤其是在中共官方（包括其「國家主席」）警告已達極限之際，多麼令人驚訝和惶恐！

　　按身居亂世的現代人，想必都能體會，國際正義何其薄弱，波斯灣戰爭，美國眞是爲科威特或沙烏地阿拉伯而戰嗎？那麼，當年匈牙利抗暴，遭受蘇俄血腥鎮壓，美國爲何置身事外？後來阿富汗被暴力奪取，自由世界的龍頭老大又在哪裡？更何況目前美國已正式表態，明言兩岸關係是「內政」問題，眞不知一旦臺海有事，兩千萬人的命運何所寄託？屆時美國或許只是「深表關切」，並重申「和平解決」的願望而已。試問「臺灣住民」所依恃者是什麼樣的「國際反彈」？誰來主導反彈？析言之，如果臺獨與反臺獨之爭風雨飄搖，中共「出兵平亂」，國際上誰來干預？又如果中共「做出實質威脅臺灣的舉動」，以致人心惶惶，各業蕭條，誰能還給我們一個安定繁榮的社會？民進黨領導階層要大家以「平常心」看待臺獨，若是臺獨惹來兵災戰禍，則天眞地寄望於「國際反彈」來搭救，兩千萬人豈不是「命如紙薄」嗎？這樣的邏輯，算不算是錯估了形勢？中產階級會支持臺獨嗎？

　　許氏在答覆記者訪問中，曾一再期盼「中產階級應當站出來講話，讓決策者不要錯估形勢，導致社會不安，演發悲劇」。

　　審察臺灣地區的社會結構，確認中產階級舉足輕重是不錯的，中產階級恐懼社會不安也是事實，民進黨既然作如是觀，何必明知故

犯，掀起反體制的風潮，爲國計民生帶來不可測的變數？

當代研究政黨名滿天下的學者杜佛傑（M.Duverger）將多如牛毛的政黨區分爲三大類：㈠十九世紀中產階級政黨（如共和黨、民主黨、保守黨、自由黨等）、㈡歐洲大陸社會主義政黨、㈢法西斯和共產黨。

法西斯黨已成爲歷史陳跡，共產黨正瀕臨崩潰；社會主義政黨亦漸趨式微，唯有中產階級政黨則是屬於主流地位，揆其緣由，一言以蔽之，民主政治與自由經濟深得人心，中產階級熱衷於安定繁榮，於是市場取向的政黨（broker party）左右逢源，其聲勢乃沛然莫之能禦。

以上所述，約略是政黨政治的大趨勢。晚近以來，歸納美國學界的調查研究，顯示安定社會中投票行爲的慣性，通常總有三分之二的選民趨向於「溫和而保守」（moderate to conservative）。許氏要「中產階級站出來講話」，到底預期中產階級講什麼話？如果中產階級依戀現狀基礎，就沒有理由支持「驚天動地」或「翻天覆地」的政治變遷，也就不會冒大風險去支持臺獨運動。

民進黨新任黨主席似已意識到中產階級的重要，但在接受訪問的過程中，口口聲聲強調黨的政治信仰，說什麼「民進黨如果不能表達黨的政治信仰，這是一大笑話」。所謂「黨的政治信仰」，當然指的是「臺灣獨立建國」，也正是想在「安定中求進步」的中產階級心懷恐懼的東西。記得幾年前民進黨主席黃信介氏，曾經說過一句看似平常卻暗含民主政黨意理的話：「我們不能讓人家覺得我們很恐怖！」可惜他的黨人並未引爲炯戒。

民主憲政是長成的，不是造成的。政黨政治應在定期選舉中歷

練，不能速成，也不能倖致。因應當前緊張政局，許信良表示「可以主動積極與國民黨溝通、協商，也可以派代表到北京去談，即使受盡侮辱也沒關係，爲二千萬人民的福祉，民進黨可以受一切委屈」。

許氏標榜忍辱負重的責任感，願與執政黨溝通，甚至也要尋求北京的諒解，這種心意是可取的，不過，他在談話中，明示「臺獨條款」的立場很難退讓，這樣說來，「溝通」有何補益？什麼是民進黨的轉圜餘地？

有人說，政治是妥協的藝術。要想爲當前政局撥開雲霧，執政黨固然要懂得節制，民進黨的「解鈴」更爲要緊，但願民進黨領導階層，果眞能「爲了二千萬人的福祉，承受一切委屈」，對於走向革命抑致力於憲政改革的定位問題，作一番深切的省思，若能肯定作爲體制內的民主政黨，不但政局可峰迴路轉，而且民進黨亦可抖落「挺而走險」的形象，進而開拓美好的前景。

80 年 10 月 22 日《中國時報》

有感於「一中一臺」黨紀案

晚清之際，曾國藩稱讚李鴻章「能見其大」，這可說是對擔負重責大任者很高的評價，善運籌帷幄之中的人，頂要緊的是看得清楚「大局」，不可在枝節上爭執，在渾沌中因循。

日前執政黨中常會對「一中一臺」黨紀案，未作明快處理，似有拖延以淡化之的跡象。本來，如就開放社會中的言論自由，或立委的言論免責權而言，實毋庸大驚小怪，基於維護黨紀的理由予以警告並無不可，何必對證交稅案立即從嚴處分，而「一中一臺」案退回重議？是否會啓人疑竇？

所謂「一中一臺」，旣已成爲反對黨之主張，縱然是「害莫大焉」，不免有人附和，恐難「防民之口」，執政黨若爲強化黨紀及凸顯反臺獨立場，則中常會不妨當機立斷，大可不必扯出中共中央政治局常委李瑞環怎麼講的問題，難道李某當眞「不是這麼說的」，就表示事態不嚴重，「一中一臺」案即可予延擱？相反地，要是他確曾說過「阻止臺獨，即使犧牲流血，前仆後繼，也在所不惜」，則茲事體大，吳梓、陳哲男便是「一言喪邦」？這樣的邏輯，是否意味著執政黨的政策立場，並不如當權在位者三令五申的那麼堅定，果如此，黨人說錯了話，也就不算極其荒謬了。

這些年來，中共如何看待臺獨，在國內，雖非衆人皆知，但對輿

論界來說，可謂「如雷貫耳」，我人如不健忘，對岸的頂尖人物如鄧
小平者，就不只一次的說過狠話，此刻李瑞環怎麼說，竟然在執政黨
中常會引發爭議，彷彿攸關存亡大局，豈不怪哉？更怪的是，「一個
中國」的涵義是什麼，竟然成爲該項黨紀案如何懲處的前提。我這麼
說，並未誇張，君不見李主席建議「送請政治小組作進一步研究，然
後再研究第五案（按即一中一臺黨紀案）是否要嚴格處理」。我這個
書呆子曾作痴想，既稱之爲「研究」，就不能預設立場或先有結論，
那麼設若研究結果肯定「一中一臺，不算違紀」，該怎麼辦？其實，
就國民黨而言，「一個中國」是什麼，是無待於研究的，當然指的是
「自由、民主、均富」的中國，不可能認同「中華人民共和國」。這一
點，無論是「國統綱領」，李總統的就職演說，以及近年來國府的有
關文獻，都是一致的說辭。現在爲了要確定如何處理一中一臺黨紀
案，卻又回過頭來交付政治小組研究「一個中國」的涵義爲何，豈不
是把原本清楚的事弄糊塗了？要是研究一年半載之後，其答案仍爲：
所謂「一個中國」就是中華民國，屆時再予涉案人以「開除黨籍」的
嚴厲處分，豈非天大的諷刺？

　「一中一臺」黨紀案，是執政黨的家務事，似乎無關乎國計民生，
然而，從中常會的議而不決，以及素來堅持「一個中國」的黨主席抱
怨「一個中國」的涵義不明確，在在顯示領導階層內部有矛盾。在面
對「一中一臺」的逆流衝擊之際，所反應的認知差距，令人惶恐！多
年來的統獨論戰，似乎並未在政治教育上釐清疑惑，甚至在決策思考
上也不能無爭，上述中常會對於李瑞環怎麼說的爭議，便是一例。其
實，我政府當局如確信臺灣獨立必然遭致中共對臺使用武力，那麼，
就不可把相關的警語說成「借中共來壓迫我們自己人」！持臺獨主張

的反對黨這麼說，猶可說也；執政黨主席該操心的是國人會不會日久玩生，錯估形勢，以爲中共不過是虛聲恫赫而已。存此臨淵履薄之心，才是對兩千萬人負責任的嚴肅態度。

（敏感話題未獲刊登）

誰是合適的監委人選

昔英國政治學大師賴斯基（Harold J.Laski）論及美國總統人選，曾以「適合主義」（doctrine of availability）一詞作爲通則，意謂理想人選並無絕對標準，只要適合特定時空需求者，便是上品。值茲第二屆監委提名之際，似可依循賴氏所言的義理，設想誰是監委適當人選。

監院職司風憲，理當借重高風亮節之士，惟多年來，監委既由地方議會選舉，各路人馬皆可入圍，在素質上，難免良莠不齊。今修憲改制，將監院定位爲準司法機關，或許是轉變的契機。無可諱言，長期鬱結的謗怨，已使「柏臺」清譽殘破凋零！是以總統提名監委，首要之考慮，應審察其人是否爲君子，爲清流？是否具有「雖千萬人吾往矣」的道德勇氣？

再者，監察院由民意機關轉換爲準司法機關，此爲結構性改變，總統面對羅列各方俊彥的參考名單，應體認本屆監委最重要之角色功能，其所憑藉者，厥爲法政之專業素養，新科監委在這方面應具備的長才，大致可從相關的背景與資望得其梗概。

眼前選風敗壞，國事蜩螗，有待清正而又果敢的「御史大夫」整肅官箴，彰顯公義，各方期望殷切，故能否延攬菁英，實攸關新監察院之命脈與形象，有鑒於此，提名作業不可因循現實，更不可用以酬

庸恭順有餘而才識不足之輩。

此外，憲法明文規定「法官應超出黨派」，修憲後的監察院，具準司法機關之屬性，則監委雖不是法官，亦允宜秉持超然立場，不得有黨見之私，方能不偏不倚的糾彈官吏違失。行政學家瓦爾多（Dwight Waldo）有言，行政倫理所依恃者，在於國家文官廓然大公，行事執法，凜然以「受憲法之託者」（constitutional trustee）自居，旨哉斯言，可作監察委員的座右銘。身為執政黨領袖的總統，思慮及此，取捨委實不易，蓋在人選的政治背景上，既須包容朝野兩黨及無黨派人士，使其配置相對平衡；另一方面，又得著意於淡化黨派關係。默察當前的局勢和人心，在策略上，宜乎多提立場超然的賢達之士，至少對於黨派色彩濃厚者，應予割捨，以顯示今後監院非黨派爭逐之地，俾交付國大行使同意權時，可減少黨見爭議與衝突，又可展現新監院雖由國民黨主導但卻毋私毋我的風貌。

最後一點，也是近來備受各界關切的一點，那就是此刻權衡監委人選，究竟該不該重視所謂「經驗傳承」？本來，多幾個久在其位的人留任，亦屬常情，只不過在國人的心目中，監察院一向暮氣沉沉，蹣跚遲緩而無所作為，此等經驗，不予傳承也罷，尤其在反對黨強烈杯葛而輿論亦不肯定的形勢下，若提名人選不能令人耳目一新，則所傳承的恐怕是揮之不去的黯淡！職是之故，我人甚盼即將提出的監委陣容，新人輩出，切勿囿於「經驗傳承」而阻卻振衰起敝的生機。

總之，唯有脫胎換骨，且人選又能博得采聲，才會讓人淡忘往昔不愉快印象，進而重行寄望於孫中山先生曾寄厚望的監察院。

81 年 12 月 27 日《中時晚報》

面對立院新局、兩黨都應調整腳步

這次二屆立委改選，意義非凡，乃是國府遷臺以來破天荒的全面改選。因為第一屆中央民意代表機關在戒嚴及動員戡亂體制下，延續了四十多年；所以，第二屆立委選舉兼具結束舊時代與開啓新紀元的雙重意義。

就政黨政治的觀點而言，這次選舉結果有下列意義：

選務行政單位表現稱職，值得嘉許

就選舉結果而言，不論總得票率或所獲席次，國民黨顯然相對地受到「重大挫敗」；但在其所主導的選務系統而論，不論從效率、技術或公開、公正的角度言之，大體皆應受到肯定（即使有些潛在的問題尚未浮現）。許多發展中國家，每逢重大選舉，選務系統常在行政中立或穩定性上出差錯。我們對選務行政機關的表現早已習以為常，常忘了這樣的結果其實得來不易。

兩黨制逐漸成形

選舉結果顯示，在一百六十一個席次中，民進黨取下五十席，拿了三成一選票，並在十四個縣市中奪魁，可謂大有斬獲；而國民黨攻下九十六席，得票率降至五成三，相對於去年國大選舉的百分之七十一，落幅之大，令人震驚。總而言之，朝野兩黨勢力消長呈現鉅變，已得到印證。將來立法院政治生態亦會出現空前未有的變化，亦不待言。可以說，已從一個半政黨過渡到兩黨政治體制，雛形已隱約可見。當然，在政黨政治的發展過程中，變數橫生，或許我們也有可能走向多黨制，此刻尚難有定論。

金權犯了眾怒

就政見而言，雖然言人人殊，但總的來說，亦有其共識，那就是「反金權」，這幾乎是所有候選人的旗號。但是，國民黨的致命傷就是提了許多「金牛」，使得「反賄選」的呼聲，予人虛矯不實之感。

相對的，民進黨將「反金權」列為共同政見「三反」之一，便較能掌握社會脈動。儘管多金仍舊使某些候選人勉強上壘，但大致上，銀彈攻勢已大不如前，許多重量級人物莫不從中頹然而敗。最顯著的例子便是趙少康、王建煊在內外夾擊中刮起「旋」風，其中因素固然不一而足，但其力搏金牛的形象應是創下空前勝績的主因。

不錯，國民黨主導的政府締造了繁榮富庶，但近年來貧富差距過大的形勢，委實讓包括中產階級在內的平民大眾感到失望、沮喪與憤懣！國民黨昧於時勢與民心，未能在提名作業上體察民意而有所回應，以致喪失先機，吃了大虧。

集權化政黨走向分權化趨向

以國民黨而論，從民國七十六年以降，解除戒嚴、開放組黨、終止動員戡亂、廢除臨時條款，這是一連串石破天驚的鉅變。長期執政的國民黨雖標榜革新，但在黨組織的結構上和作風上，仍因循遲緩，延續得過且過的慣性，從中央到基層大致沿襲集權化的作法。殊不知，民主先進國家的政黨普遍以分權化的做法，來回應日漸開放的社會和黨內民主的要求。

國民黨不察，在去年國代選舉之後，未能趁勢在結構上和作風上，提出令人耳目一新的變革，反而內鬥不已；尤其是黨紀案的處理，充分反映集權化的氣息，例如，黨中央決定開除陳哲男，曾有藉以使黨人「知所警惕」之說，可見黨中央依舊有憑藉黨權以維繫黨紀的心態。其實，當黨內民主與外在形象有所扞格時，無法提昇黨的形象，僅以妄求支配性的權威相加，必然力不從心。

因此如何順應時潮，掌握社會脈動，應是國民黨的當務之急。

此際是危機，也是轉機

在立法院呈現的新局之中，就民進黨而言，大批新人湧入國會，面對驟然開展的空間，如不能呈現理性問政的新貌，反益顯驕恣，或者執著於打破國家認同，忽略競選時承諾的福利國家、公共政策取向，則國會殿堂亂象終難避免，危機亦潛藏其中。

就轉機而言，國民黨應深切反省，並改組中常會、改變提名與輔

選策略，著意引薦博得民意支持的菁英，進入黨的領導層次，銳意轉換老大的格局，以回饋人民的期待。

在民進黨方面，既已躍居具分量的反對黨地位，理當採取更理性及沉穩的步履，在問政風格上當徹底擺脫草莽作風與激越之肢體衝突模式，帶給人民安定、理性的希望。

81 年 12 月 20 日 《中國時報》

國民黨如何紓解分裂的危機

筆者曾於國民黨十三屆臨中全會之前，撰專文「要衆星拱月，不要多頭馬車」，勸告各路人馬扶持李總統出任黨主席，後來，總算化險爲夷，渡過政權交替的危機。如今，黨內的流派之爭，又是暗潮洶湧，在「領袖群」之間，何止貌合神離，甚且劍拔弩張。究竟癥結何在？若就前文詞彙加以引申，可隱喻云：「此刻月光如畫，但衆星失色」。以上是虛擬的語句，以之反映這一波國民黨內鬥的情境，雖不中亦不遠矣。默察終止動員戡亂後的政治氣候，國民黨上下，因而具有怨懟與忿懣之心結者，比比皆然，這恐怕是爭議不斷並愈演愈烈的重要緣由。

平情而論，國民黨袞袞諸公，允宜深具戒心，去年的鬩牆之爭，帶來了二屆立委選舉的重挫，竟然在應當痛定思痛之際，再啓爭端，如不及時懸崖勒馬，則未來將來的縣市長選舉，更是凶多吉少。竊嘗思之，「主流」、「非主流」，或「反郝」、「擁郝」的明爭暗鬥，不論誰輸誰贏，到頭來，都將加速國民黨的墜落！

一九八六至一九八八年間，法國「左右共治」之所以並未造成破碎的結局，一則由於密特朗總統與席拉克總理發揮巧妙的政治藝術；再則應歸功於這兩位「道不同」的總統和總理，皆能警覺在「共治」舞臺的背後，有中間獨立派的巴爾，虎視耽耽，想坐收漁人之利。因

而促使密特朗與席拉克格外小心地維持「左右共治」，共渡難關。爭議中的國民黨當局，可引爲借鏡。

體認黨內民主爲大勢所趨

二屆立委選舉，國民黨的失敗，顯示提名、輔選皆有拂逆黨意與民意之處，黨的體質和結構，亟需有所調整。我人寄望於十四全大會者，首要之事，應將革命民主政黨的屬性，轉化爲民主政黨（按十三大之前，筆者曾爲文呼籲而不果），即由外造政黨轉化爲內造政黨。那末，現階段的黨務革新，其重點應爲：一面大量吸納博得民意支持的菁英之士入中常會；另一方面，格外重視全面改選後的立法院，使黨政決策扣緊社會的脈動。

長久以來，黨權由內圈（inner－circle）壟斷的形勢，必將有所改變，分權化（decentralization）的趨向至爲顯著，是以領導階層在心態上應作轉換，然後黨內民主及其制度化的作爲，才能落實。

內閣總辭不宜涉入朋黨之爭

內閣總辭，在二屆立委選舉之前，即已成爲街談巷議的話題，正因爲憲法無明文規定，辭與不辭，可說是見仁見智，及至郝院長表明決不戀棧，並有以總辭爲憲政建樹慣例之意，頗獲各界好評。另就政治現實而言，選舉期間既有「反郝」聲浪，面對反對黨佔據五十席的立法院，執政黨及提名閣揆的總統，不能不審愼考量。惟因李總統回應稽遲，其間不免傳說紛紜，日前有「大老聚會」及非主流派「以戰

逼和」之說；又謂政院對總辭與否將等待黨中央作成決策後再定行止
云云。大老建言，不妨視爲良性反應；「以戰逼和」，不過是「馬影消
息」，不予置評。至於把總辭案提交黨中央裁示一篇，設若有之，我
人期期以爲不可。本來，重大政策方案先經中常會核定，並無不妥，
不過，目前的中常會，如不諱言，不僅難以凝聚共識，恐將治絲愈
棼。抑有進者，只要總辭案由政院移向黨中央，則郝院長很難不受污
衊，「閣揆保衛戰」之浮言，又將不脛而走。職是之故，不如仍本初
衷，在本月底，逕向總統提出總辭，且不管後事如何，至少可爲責任
政治樹立里程碑，同時，亦能爲黨內可以燎原的路線鬥爭釜底抽薪。
一九六八年，美國總統詹森不接受連任之提名，以及一九九一年英國
首相柴契爾夫人的辭職，皆有平息黨內風潮之考慮，這便是政治家的
風範。

人事佈局，李總統應採擇「共商大計」的策略

這一波的高層人事佈局，備受關注，監察院長的提名，人選雖受
肯定，但「妙計」來自總統一人的「錦囊」，未遑聽取各方意見，即
已揭曉，輿論不免有所非議，尤以所拔擢者爲現任閣員，事前竟未與
閣揆商酌，更是有虧常情常理，致引發聯想，後續之提名作業，是否
亦爲同一模式，而讓人有事前無從置喙事後徒喚奈何之嘆。

民主開放，既是沛然莫之能禦的大趨勢，即使要做實權總統，也
不能無視於客觀形勢的「變」，以及政治生態的「變」。憲改之後，總
統職權大幅擴張是事實，而大權無所牽制也是事實，在強人過後的新
局面之下，各方對威權的過於集中不能無憂！有鑒於此，在黨內決策

過程尚未制度化之前，溝通、協調，以至於折衝妥協，就顯得十分重要。當代公共行政的理念中，即有「leadership by compromise」之說，故運籌帷幄之際，要秉持臨淵履薄的心情，謙沖爲懷，除廣開言路，著意於民視民聽之外，思考高層人事，理當諮詢大老的看法；再者，應以黨主席身份，召見新科黨籍立委懇談，嚴謹地評估可能人選，譬如倘使再度提名郝院長續任，在新立法院中，可能的困境如何？透過「沙盤推演」，設想種種變數，以權衡得失，在作風上，便是雅納衆意，愼作取捨，如此當可匯集黨意和澄清民間疑慮，亦所以昭大信而止息紛爭，則國民黨可望「分」中求「合」，進而擺脫門戶之見的羈絆，無所掛慮的再造佳績。

82 年 1 月 10 日《中國時報》

立法院不可任意調配預算額度

報載立法院朝野立委合縱連橫，主張在審查國家預算時，只要總額不變，對各項預算，可分多潤寡，加以調配或變更，並迫使行政院就範，已立即完成連署案，提請大法官會議解釋，藉以肯定此舉的合法性。

行政院以「立法院不得為增加支出之提議，重行調配可能使某些預算項目的支出增加」為理由，不予屈從，但在立法院強調「總數不變」不算增加支出時，行政院的說詞就顯得似是而非。

對於立法院此一舉措，我人期期以為不可，審當今之世，先進民主國家，大多由行政機關掌握提案權，由議員個人提案所佔之比例極小，無非是多數黨既取得當政地位，自然也應該取得當家作主的全權，方可實踐競選諾言，以因應民間的期待，這乃是責任政治的常軌。循此義理，行政院提出預算案，立法院只能本乎監督政府，甚至為人民看守荷包的職責，嚴謹地加以審查，並作必要的刪減，但不可任意予以調配，因為其結果可能造成行政機關「窒礙難行」，且可能導致所承諾的行政作為無從達成，而有虧於政治責任。這在英國可因而引發政治風潮，因為國會任意變更或刪減預算，即意味著對內閣的不信任，可見茲事體大，並非只是立委為預算權錦上添花而已。

另有一事亦令人訝異，國民黨黨籍立委悖離黨的陣線，附和反對

黨所提出的連署案，就政黨政治的理念和規範而言，亦屬不可思議。若在責任內閣制的國度裡，此舉亦隱含倒閣之意，不可以等閒視之。

82 年 4 月 1 日《中國時報》

國民黨面臨轉型的十字路口
──十四大爭議焦點評析

筆者曾於十三大之前，以「現代政黨的體質與定向」爲題，在《中國時報》發表專論，作爲「給國民黨的諍言」，如今，時隔五年，《中國時報》幾度約稿，要我再爲即將舉行的十四大建言。老實說，我之所以躊躇，實因年來言論界日趨兩極化，談國是者往往壁壘森嚴，或則很難倖免被揣測爲「涇」爲「渭」、「主流派」抑「非主流派」；若係持平之論，反而招惹是非，甚至兩面結怨。本文之作，會被如何看待？將被貼上什麼樣的標籤，誠難逆料。不過，基於讀書人的良知及忠於專業知識的態度，仍願就各方關注的課題，略抒所見。

「革命民主」政黨轉爲民主政黨

在解嚴、開放組黨之後的十三大，我人力勸國民黨者，乃是應趁勢捨棄「革命民主」之屬性，無所掛慮地轉化爲民主黨。惜當時黨內未能無爭，功敗垂成！今國際局勢丕變，自由化民主化的浪潮沛然莫之能禦，特別是蘇聯解體，舉世的革命政黨俱已日暮途窮，國內輿論亦齊聲附和民主改革，對於轉化「革命民主」爲民主政黨一節，無論主流非主流，在理念上和利益關係上，似乎皆無爭議的理由，故可望

不致再生變數，或許是十四全少之又少粗具共識的議題，理可順利過關，這一項遲來的改革，對於自由中國政治發展而言，仍然十分可喜。

使命政黨抑或是市場取向政黨

當代政黨有使命黨（missionary party）（亦稱敎士黨）與掮客黨（broker party）之分，前者具有社會主義政黨之淵源，標榜意識型態，總是秉持正義理念或神聖的使命感，並加以傳揚，類乎傳敎士講道，因而有敎士黨之名，至於能否在選舉中獲勝，在國會中取得多數，猶其餘事。然今之世，使命黨或敎士黨，大多曲高和寡，也許能得精英讚賞，但往往遭大衆冷落，幾已成爲有聲名而無選票的政黨。

後者之學名爲「十九世紀中產階級政黨」，意識形態淡薄，但憑政綱政見投合政治社會的需求，一如生意人之於顧客，故稱「掮客黨」。晚近以來，在民主政治與自由經濟的背景下，名之爲市場取向的政黨，較爲允當。值茲舉世皆以此類政黨爲依歸之際，具有使命黨體質，但久已著意於市場取向的國民黨，何去何從？

國民黨建黨以來，即奉行三民主義，且受蘇俄一九一七年革命後列寧政黨的影響，至爲顯著，惟當今之世，使命黨路線已是漸行漸遠，市場取向的態勢，無可遏抑。雖然，部份國民黨的大老和少數精英不能忘情於使命黨，對時下的黨紀黨德有說不盡的悲憤，然而，那不過是白頭宮女的嘆息而已，率眞的說，無論護衛使命黨的志士有多少怨懟和憂慮，臺灣地區正面對政治庸俗化甚至是「庸人的崇拜」之壓力，殆無疑義。

　　儘管如此，今而後，要國民黨立即抖落意識型態的牽絆，作爲十足的「掮客黨」，恐怕還是很有爭議的。有鑒於此，因應之道，不宜一味的隨波逐流。十三大之際，筆者曾建議國民黨可兼顧參與原則和精英原則，並提示參與擴大未必就是精英凋零，此一「執中」之策，暗合守常達變的理路，仍可參考。

　　想當年，英國政黨本以精英原則凌駕參與原則之上，後來形勢逼人，政壇的顯赫之士，不得不對選舉中的寵兒讓步，目前只能勉力維持國會內與國會外政黨平分秋色的局面。

走向「內造政黨」要付出的代價

　　以往的大半個世紀，國民黨一直是「外造政黨」，這些年來，國民黨走向「內造政黨」可說是情勢所趨，也是情勢所迫。若干年前，縱然反對運動聲勢浩大，但多數人仍然相信，與國民革命及中華民國血肉相連的國民黨，即使輸掉選舉，失卻多數，恐怕也很難將政權拱手讓人，時至今日，舉國上下，似乎不再懷疑倘若國民黨一旦淪爲少數，則虎視眈眈的民進黨將取而代之，可見國民黨在失去革命黨和威權體制的依恃後，順應時勢，只有義無反顧地扮演「內造政黨」的角色，而「內造政黨」就得掌握社會脈動，才能在定期選舉中獲得支持，這是國民黨所面臨的考驗，在轉型的過程中，對於原爲「外造政黨」的價值取向與行爲模式，應知所節制，並有所調適。譬如甫告塵埃落定的擴大黨代表案，不妨視爲「內造化」過程的衝擊，是必要付出的代價，黨內的反彈和抗拒是可以理解的，挾民意的中央民代之介入，顯然難以抵擋。誠然，這算不算是「黨意結合民意」？作業過程

與公平性是否可議？容或見仁見智，惟在走向「內造政黨」的大方向
上，應屬無可厚非。

平情而論，如無流派之爭的陰暗背景，如不猜疑接納中央民代只
是主流派招兵買馬，就有理由確認此舉委實有助於國民黨轉換體質，
邁向「內造政黨」的里程。只因政爭使人迷惑，一涉及權力分配，總
是不得其平；由於心思詭譎，缺乏互信，即使作為的本身可取，也會
失落光彩，於是冠冕堂皇的說詞，在人們的心中，不過是政治舞臺上
的粉墨而已。佛說：一切煩惱皆由「我執」而生，旨哉斯言，為政者
亦當三致其意。

「分」中求「合」即是成功

近年來，國民黨內部鬱結了太多恩怨，「恩」情轉眼就會消逝，
「怨」則久久難以冰釋。這麼看來，十四全共商黨國大計的效度和成
果是未知數，各路人馬吐露宿怨甚至引發衝突，倒是極有可能。世貿
中心的大會場，史無前例的大陣容，能不能如黨中央所預期的促進大
團結？值得關切。

在蔣總裁和蔣主席的時代，國民黨全會的氣氛是莊嚴肅穆的，與
會者的心情和態度也是莊嚴肅穆的，那並不表示沒有恩怨，只是藏在
心底罷了。現在流行的是「誰怕誰？」及「各吹各的調」，常常是「會
無好會」。其實，適度地把怨憤宣洩出來不是壞事，但各不相讓造成
僵局，甚至造成不堪收拾的結局，則不僅是大會的失敗，且將波及年
底縣市長選舉，必然為國民黨帶來不可測的厄運！

我人以為不可對這次的黨大會寄望過高，但求平安與象徵性的協

和一致，就算難能可貴了。這一點期許，並不是碰運氣即可如願，而是要靠主事者誠意和耐力，尤其要懷抱恢宏的氣度，以及克己容人的寬諒之心。面對全會，與其縱橫捭闔地運作與部署，不如於會前開誠佈公地溝通協調，更要緊的是要捨得讓步。所謂非主流或泛非主流之間，當展開穿梭的商談，切不可倚仗穩居多數而表露驕態，須知當權者的絕對優勢，對黨整體而言，或許是可慮的劣勢。另一方面，奉勸非主流諸君，也要瞻顧大局，審慎從事，析言之，「分」不如「合」，另立門戶只是一個小黨，不如在老 K 中作新 K，較能顯現特色，亦易於出色。

　　美國四年一度的黨代表大會（national convention）是為競爭而運作，對國民黨十四全而言，不足為訓；倒是英國政黨年會（Annual Conference），可作楷模，會中重頭戲黨領袖的演說，刻意標榜黨的政績和遠景（這點，國民黨似乎已遺忘曾為臺灣有過什麼輝煌的貢獻，亦欠缺自信心描繪一個璀燦的未來）以鼓舞黨人士氣，總是能營造歡聲雷動高潮。與會的代表團縱有提案或因而引起辯論也不外是君子之爭無傷大雅。總之，英國政黨年會大體上是展現全黨信念的聚會，黨所預期和所達成的，一言以蔽之，是象徵性的意義，可資借鏡。

82 年 6 月 4 日《中國時報》

國民黨果真要自甘墮落嗎?

——談國民黨中委賄選案

彷彿記得國民黨李登輝主席於十四全大會中, 曾以感性的語氣剴切陳詞, 其間有言略謂: 只要我們不自甘墮落, 就沒有任何政黨可搖撼國民黨主政的地位。此一假設語氣固然可顯示雄心萬丈的氣勢, 但回顧這些年來國民黨的表現, 不免讓人覺得它確有自甘墮落的跡象。

有人說, 國民黨是靠賄選起家的, 這話或許有點過分, 但也不算離譜, 國民黨長期縱容金錢與派系介入選舉, 臺灣地區之賄選, 雖屬「遍地烏鴉一般黑」, 然而, 多少年來, 各級選舉的候選人, 十有七八皆由國民黨提名, 對選風敗壞, 何能辭其咎? 尤其遭人詬病者, 歷屆選舉中之賄選案, 總是不了了之, 其結果是贏得選舉壞了形象。這次十四全中委賄選案, 不僅是大會揮之不去的污點, 也是國民黨應為多年來選風惡質化負責的鐵證, 對黨的形象而言, 不啻雪上加霜! 基於這樣的理解, 國民黨中央應體認中委賄選案非同等閒, 當以壯士斷腕的勇氣加以懲辦, 才能表明國民黨打擊賄選的決心, 也才能為年底縣市長選舉注入生機, 扭轉逆勢。

十四全落幕已久, 賄選案喧騰一時, 視國民黨中央的反應, 似有延宕以淡化之意味, 先是發表一些「從嚴查辦」、「務求毋枉毋縱」的老調, 然後由考紀會說長說短, 在怨憤加曖昧的話語之外, 看不出將

有何作為，於是各方期待國民黨十四屆中常會第一次會議，想必會對中委賄選案有所定奪，會中雖有中常委力主明快偵辦之議，結果李登輝主席表示，不過是「考紀會應主動負責處理」。然而，衆所週知，國民黨考紀會主委李宗仁日前宣稱，大會期間，黨內高層曾施壓關說，不可追查賄選云云，事後又不願吐露實情，這麼怕事的考紀會，承辦此一賄選案，黨人、國人不免存疑：有魄力辦嗎？辦得了嗎？

如果國民黨眞是痛下決心，要大刀闊斧的查辦，從而展現嚴懲賄選重振黨魂的新風貌，則須有破格的令人震撼的舉措，譬如由黨主席發表談話，痛斥賄選，坦然承認是國民黨的奇恥大辱。或謂過份凸顯此一不體面之事，恐足以戕喪黨譽，動搖人心，殊不知這層顧慮大錯特錯，當年美國雷根總統在援助尼加拉瓜反抗軍案發之後，坦然面對該項醜聞案件，在電視演說中，承認雖不知情但身爲總統確有疏於監督之責，其結果，雷根的聲望躍升了十個百分點，「他山之石，可以攻錯」，值得三致其意。

對於這項懸而未決的黨紀案，只作不護短不姑息的宣示是不夠的，還要有明快的果敢行動，黨領袖應即下令成立專案小組，任命副主席之一主其事，率同秘書長暨考紀會主委，積極進行查辦工作，如此當可提振黨人士氣，且可取信於社會，肯定國民黨確有革新的誠心和銳氣。

此外，李登輝主席應召見高雄市議會秘書陳宣旭，嘉獎其檢舉中委賄選案的勇氣，則往後便會有更多嫉惡如讎的志士，流風所及，清正的黨，乾淨的選舉，才是可期盼的。

82 年 9 月 3 日 《中國時報》

別在選戰的煙幕中迷失

縣市長選舉的投票日業已到來，聲嘶力竭的候選人衝刺完畢，正在聽候命運之神的擺佈，接下來該是選民抖落選戰煙幕的迷茫，扮演「主人」角色的時候了。

說起來真不公平，在美國，選民面對選舉，總是不憂不懼，在悠久的公民文化中千錘百鍊，大多已成為「習慣選民」（habitual voters），即投票行為大致已有其定向，不致因競選花招的蠱惑而亂了方寸。再則即使投錯了票，也沒有什麼了不得的後果，因為共和、民主兩黨的黨綱政見大同小異。可是，在我們發展中國家，選民對民主政治的經歷有限，道行不深，要是在威脅利誘中失足，豈止是有損尊嚴和敗壞選風而已，甚至可能為前途帶來不測的變數。有鑑於此，奉勸投票人應三思而行。

作「主人」，不作「傀儡」

一般而言，先進民主國家的游離選民少之又少，此地竟多達四成以上；也就是說，將近半數的選民，並不是胸有成竹，其支持或依附的態度是可東可西的，在最後關頭如何定奪，對選風，對選舉結果，有舉足輕重的影響。往好處想，他們是自有主見的一群，故被稱為

「獨立選民」，在冷靜思考之後，投下決定性的一票。但願如此，坦白說，此刻筆者不無杞人之憂，所關切的是投票人特別是游離選民能作自己的主人，不作別人的傀儡。

西諺云，選民在選舉時是主人，選舉後是奴隸，意謂候選人拜票之際，百般奉承，及至選票到手，主人的地位就一落千丈了。我人以爲這種冷暖炎涼的感歎，大可不必，要緊的是我們作選民的，應自我期許爲「主人」，存此一念，便不會被人當作傀儡玩弄。平情而論，臺灣地區政治生態的惡質化，由來已久，要掙脫四面八方的桎梏，做一個獨立自主的選民，實非易事。最大的挑戰是派系縱橫，紅、黃、黑、白，宛如天羅地網，不在網絡之中者，幾希。依循「山頭主義」的「倫理」，總是理直氣壯地視公民爲子民，也自然而然地將子民當作政治資本的籌碼，換言之，由於派系糾纏，使很多人身不由己地隨著主子的恩恩怨怨，分分合合而滾動，這或許是我們遲遲不能從「臣屬政治文化」進入「參與政治文化」的重要緣由吧！對於作爲現代自由民主的公民而言，多麼令人難堪！

再者，多年來，賄選成風，金錢暴力介入選舉的陰影，揮之不去，在處處都是引誘的情境之中，要一般選民不爲所動，真是談何容易！總之，不論屈從主子的支配，或因賣票而失落自主的意志，皆是不自覺地成爲可鄙而又可悲的傀儡。時代在變，環境在變，目前反賄選已成氣候，與其躲著陽光做傀儡，不如還給自己一個公道，既不作聽命行事的附庸，亦不收髒錢，抬頭挺胸的站出來，作真正的主人去投這一票。

向亂開支票的人説「不」

　　這次縣市長選舉，統獨之爭銷聲匿跡，算是好事。相對地，政黨及其候選人乃著意於公共政策的訴求。或許是「一對一」有你無我的選戰叫人抓狂，彷彿任何政策性的良法美意都顯得緩不濟急，難於立竿見影，於是乾脆以「期約」方式大開發放福利金的支票，所謂「老人年金」遂成爲熱門課題，每人三千元當然比不上每人五千元引人入勝，這種「散財童子」的手腕，似乎跟社會福利制度不太搭調。英國戰後勞工黨的「福利國家」政策，在作法上大多是「退而結網」，以建立社會安全制度，並未留下這種「竭澤而漁」的惡例。

　　政黨政治是要落實責任政治的，政黨及其候選人的政見，乃是對選民作嚴肅的承諾，切忌打高空或口惠而實不至，美國布希總統競選連任落敗，其致命傷之一在於當初信誓旦旦絕不加税，後來竟因形勢所迫而食言。目前我國財政之負累已是搖搖欲墜，若果眞如約發放年金，據統計六十五歲老人爲一百四十萬，則總計需八百餘億元，實非縣市自有財源所能承擔。也許開支票者已意識到這一點，因而在競選的宣傳品中言明有人「背書」，有人「作保」，字裡行間，充滿江湖氣味，除鄉愚之外，其誰能信？這般社會福利訴求，當爲識者所不取。

　　當今之世，北歐與美國社會福利制度走過了頭，造成赤字漫天，經濟衰退，我國理當引以爲戒。嚴格地説，政府匆忙推出的國民年金法草案，學界與企業的反應，多認爲不夠審愼，失之於粗疏。説得更明白些，政府、政黨、政治人物，不可爲討好選民而拖垮國家財政，那是禍延子孫的事。聰明的選民當能識破「支票換選票」的伎倆，撥

開選戰煙幕，看清該走的道路。

82 年 11 月 27 日《中國時報》

法官不僅應精於專業也要能見其大——游日正案平議

游日正涉嫌賄選一案，原經地方法院判決當選無效，日前遭高院推翻，由於選舉訴訟採二審終結，在法律程序上已是塵埃落定，然而，法理之爭卻是不絕如縷。

揆諸先進國家的經驗及臺灣法院體系的性格，一、二審的見解不同，並不令人詫異。本案主要爭議在於選罷法並無明文規定，賄選行為是否可以作為當選無效之理由？一審桃園地方法院依據憲法第一百三十二條「選舉嚴禁威脅利誘」之原則，類推以適用之，認定賄選行為亦為當選無效之事由，判決游日正當選無效；高院則以「於法無據」而廢棄之。就法言法，兩審之不同，各有道理，地院秉持憲法法意，彌補選罷法未為明文規定之疏漏，但適用法理而為判決，法界不無非議。高院主張有關當選無效之事由，選罷法既未將賄選行為列入，顯然並非立法者之疏忽，因而引用憲法作類推解釋，判定賄選為當選無效之原因，應屬無據。論者或謂此一判決係忠於實定法，謹慎論斷，信守法無明文規定者不罰的通則，似屬無可厚非。

近代民主政治的精義之一，有所謂「法後之法」(the law behind the law) 的教訓，意謂在「實定法」之後，尚有「人同此心，心同此理」的法則，提醒法家於立法或執法之際，不可因循拘泥而有虧於

「順天應人」的道理。賄選者，賄賂以圖當選也，盡人皆知其爲不可。憲法既明定「選舉嚴禁威脅利誘」，賄選爲「利誘」，自無疑義，一審法院據以判定賄選者當選無效，在法理上應屬通達可取。高院之判決應用幾何上的「歸謬法」，扣緊民事訴訟法（選舉訴訟可否適用民事訴訟法並非毫無爭議）的窠臼，認爲欲適用法理補充法律漏洞時，必須是該法漏洞出於立法者無意的疏忽，於是，乃著意於檢點相關的立法過程，排比選罷法於民國六十九年立法，及七十二年、八十年兩度修正的立法資料，顯示立法者有意不規定賄選爲當選無效之事由，並指證歷歷：六十九年四月十四日，立法院司法、內政、法制三委員會第十八次聯席會議審查時，立委費希平曾提案將賄選列爲當選無效的事由之一，但經表決結果，四十三名出席委員，只有三人贊同費氏的修正意見，提案乃未獲通過。六十九年五月二日，選罷法完成二讀，費氏的修正案依然未獲採納，高院不厭其煩細說背景，無非是要認定立法者原意即不以賄選作爲當選無效之原因。彷彿只要能證明這一點，此一判決便可無懈可擊。

　　我人所不解者，二審法官爲何只問立法者的原意爲何，而不問其正當性如何？以及其是否牴觸憲法之相關規定？請問，六十九年是什麼年代？那時候的選罷法未將賄選列爲當選無效之原因，以及立法院反對派人物費希平修正案不獲通過，到底意味著什麼？能證明什麼？會不會因爲黨的偏私和人的不義，而造成選罷法不可原諒的缺失。時至今日，高院無視於時代與環境，亦不理會當年立法者原意是否悖離憲法，反而致力於羅列舊日背景資料，求證立法者乃有意排除以賄選作爲當選無效之原因，從認定審判決於法無據。且不論判決理由如何引經據典，在程序上如何周延而平穩，但總而言之，給人的印象是賄

選無妨，賄選者當選有效。

　　在美國，法院擁有司法審核（judicial review）權，及對訟案的審判連帶地有審查法律是否違憲的作用，法官不僅要熟稔司法實務，亦須精通法學，洞察時代潮流與社會動脈，才能作為公理正義之干城。昔聯邦法院法官馬歇爾（John Marshall）創立「適當而必需」（proper and necessary）的原則，在法界傳誦不朽。高院此一判決，費盡心思，證實未將賄選列為當選無效之原因，乃立法者有意不作為，以杜絕適用法理之空間，作為否定一審判決的主要理由，如此拘泥，就算在法條的引用上四平八穩，但其結果則是賄選而當選有效，若問是否適當？是否符合民主法治的「需求」？恐不免貽「明察秋毫而不見輿薪」之譏！

　　再者，法官斷案，對法條的認知與解釋（interpretation），應注意形勢變遷原則，不可抱殘守缺。舉例言之，美國聯邦法院於國家安全備受關切之際，曾造就「惡劣傾向與危險傾向」（bad and danger tendency）之說，即言論如被認定具有此等傾向者可予處罰；但在不同的背景與生態環境之下，對於類似的言論訟案，卻由於尺度放寬，乃演變為「明顯而即刻的危險」（clear and present danger）之審判原則，析言之，言論不涉及煽動至於暴亂而危及公共安全者，皆歸屬於言論自由之範圍，可見法官的專業素養不限於恪遵法條而言已，還要默察客觀形勢，敢於嚴謹而不拘泥地展現風格，則司法的威信得以確保，公義得以伸張。

　　這些年來，臺灣「金權政治」囂張，每逢選舉，莫不賄選成風。幾天前的縣市議員及鄉鎮縣轄市長選舉，金錢與暴力的介入，空前猖獗；選風之惡質化，幾已不堪聞問！照理說，此刻審理賄選弊案，法

官當衡情度勢，體認選舉乃民主憲政之命脈所寄，值茲賄選歪風難以遏抑之際，應可領會各方之期待爲何，豈可視憲法「選舉嚴禁威脅利誘」之原則如無物？毫不誇張的說，「威脅利誘」四個字，頗能將當前選舉的積弊與危機一語道破，肩負社會責任的法官，難道無動於衷？

平情而論，高院此一推翻一審判決之判決，其所以然，想必是種因於墨守「罪刑法定主義」的理則，而有所偏執，以致未能見其大，一味「以經解經」，結果是「見樹而不見林」。有人說，承審本案的法官欠缺勇氣，因爲二審法官不可能不瞭解將招致嚴重非議，但仍然無所畏懼，值得欽佩！若謂此乃忠於實定法使然，本春秋責備賢者之意，我人指摘其爲「愚忠」，亦不爲過。蓋孔子之所以被讚譽爲「聖之時者也」，以其傳道不忘「日新又新」之故。幾年前，第一屆中央民意代表的去留問題，曾喧騰一時，就法而言，既有動員戡亂時期臨時條款作爲依據，又有大法官會議解釋的支撐，可說完全合法（legality），但「萬年國會」的正當性（legitimacy）卻在人心中破產，以致其地位並不因合法而得以賡續。

有鑑於此，賄選該不該被判「當選無效」？不辯自明。縱然現行之選罷法有疏漏，抑或當年立法者有意未予列入，皆不能阻卻此一當然之理，即賄選者不可當選有效。依循這樣的看法，我人幾可預言，選罷法修正時將必然增列賄選者當選無效之條款。總之，高院對本案的判決，未能彰顯「法後之法」，不僅創意不足，其負面影響更是不可勝言！

83 年 2 月 4 日《中國時報》

民主政治邁開可喜腳步
——評臺北市長候選人電視辯論

　　三黨市長候選人的電視辯論，在國內是創舉，想必是萬眾矚目，其意義亦特別重大。

　　一九六四年的美國大選，民主黨總統候選人甘乃迪與共和黨候選人尼克森（當時的在職副總統）先後在四大城市舉辦四次電視辯論，由三家電視公司作現場轉播，可謂轟動全世界。　（Theodore H. White, *The Making of president 1964* 一書有詳盡而深入的論述）。

　　研究政黨與選舉的人，大致確認，選民的投票行為，往往早已心有所屬，故被稱為「習慣選民」（habitual voters），換言之，可東可西的游離選民或獨立份子（independents）所佔的比例極小。也就是說，一般而言，電視辯論的作用不大。儘管如此，由於電視媒體是大眾心目中的寵兒，在初次舉辦的情況下，其影響當然不可忽視，尤其在候選人勢均力敵時為然。當年甘乃迪之所以險勝尼克森，據專家評析，甘氏在電視辯論中領先實為主要原因。

　　這次中國時報主辦三黨市長參選人之辯論，在遊戲規則及方式上，公允而周延，故能進行得中規中矩，至為順暢，值得稱道。

　　主持人的開場白，三位候選人上臺之際的臺風，可圈可點。

　　黃大洲先生臨場有點緊張，也許舞臺燈光造成錯覺，在開頭的客

套話中向大家道「晚安」，這雖然是芝麻小事，但對辯論賽而言是忌諱。正因爲黃是現任市長，其政見主體風格應當是穩紮穩打，須提出具體數據標榜已有的政績與即將開展的作爲，可惜受制於對手的攻擊和責難，只作了片斷的辯解。雖曾提及七號公園、中華商場拆除等，但均輕描淡寫。或因臨時應對辯詞並不妥當，如面對捷運「貪瀆不斷、弊案連連」之指摘，以及媒體發問何以致之？「天災」抑「人禍」？黃竟然答以「不好意思講太多，我的立場不好講」，自然授人以柄，予對手可乘之機。黃先生原本不擅言詞，故雖以平實取勝，在態度上確乎是渾厚篤實，可是在政見上似未作應有之發揮。

趙少康氣勢奪人，如純就辯論而言，可謂佔盡上風，所強調之反臺獨反暴力主張有極強烈之表達，感性十足。特別是對陳水扁詰問與質疑部分甚爲有力。但在市政建設的構想上，份量稍嫌不足。按趙之所學及近年來之歷練，應可提出更精到之計畫，因爲趙在環保署任內及立法院中畢竟有頗爲不俗的表現。

陳水扁的態度很從容，言詞表達也頗爲銳利，特別是攻擊對手現任市長黃大洲的施政缺失，可說是有備而來。至於其資料是否精確，譬如臺北市府債務究爲一千億抑如黃所言僅爲四十八億？可惜黃未認眞地加以辯正，讓市民感到一頭霧水。

陳氏回答國家認同及臺獨立場部分，不免有閃爍其詞的地方（例如說陳婉眞背後亦有國旗云云恐怕是不必要的遁詞），當然是可以理解的，因爲臺獨已列入民進黨的黨綱。

結辯部分，黃大洲雖言之有物，但已不易改變什麼；趙少康依然是感性動人，然而，過度強調國家認同的問題，就市長選舉的層次考量，從吸引選票的角度考量，未必是明智的抉擇。陳水扁排在最後，

所以較佔便宜，不過，送太太上阿爾卑士山一節，雖具感性，但要是略去或許好些，因為予人以將夫妻至情政治化的感覺，至少在理性的思維上，那並不跟推動市政有何關聯。

最後，願以春秋責備賢者的心情，提到主持人翁教授並未根據辯論規則而即興地批評趙少康出示募款電話號碼一節，實為美中不足之事。因為主持人任何明示或暗示，都可能造成有失公允。

總之，誠如主持人所云，國內首次舉辦電視辯論，不妨視為一個學習的契機，對民主政治的長遠里程而言，總算是可喜的第一步。

83 年 10 月 3 日《中國時報》

反暴力，媒體應率先發難

　　論者早有預測，年底的直轄市長、省長、及省市議員選舉，必然十分火爆，搞不好會出大問題，甚至波及未來的總統大選，而衍生對公民直選的信心危機，造成國內民主政治的衰退。其實，這並非星象家之言，而是基於邏輯上的推想，特別是前兩項選舉，在臺灣地區是破天荒的，對執政的國民黨而言，隱含政權保衛戰意味，居於反對立場的民進黨則以之為走向執政之路的爭奪戰，在這般患得患失的心態下，「君子之爭」乃演變為「生死之爭」，於是這次選舉中的暴力，便顯得來勢洶洶了！

　　金錢與暴力，向來是我國選舉的兩大弊害，前些時候的大力法辦賄選，多少產生了嚇阻作用，但另一方面，暴力的介入，似有變本加厲的跡象。無可諱言，值茲選戰白熱化的敏感時刻，政府對於以鐵腕懲處暴力，不無顧忌，顯然，「執法絕無選舉假期」之說，對滋事暴徒而言，已是馬耳東風。眼前，零星的鬥毆事件，不勝枚舉，各地的鬧場，打競選辦事處，亦層出不窮，大型公辦政見會中各路人馬的對壘與流血衝突，更是觸目驚心。尤其令人震撼的竟然還有因不滿某種言語而搗毀報館的暴行，換言之，在暴力的陰影下，不但參選者及助選者可能頭破血流，即使是紙上談兵的局外人，亦不能免於恐懼。昔美國哲人傑佛遜（Thomas Jefferson）曾標榜「新聞自由」為自由民

主之根本，試問，若放任暴力吞噬此等自由，那麼，不管是如何能反映直接民權的選舉，也不管選舉結果是誰贏誰輸，民主法治還有什麼光彩？又還能說什麼是人民的「出頭天」呢？

這些年來，臺灣地區的選舉，選風敗壞乃人所共知，但選務行政大致還具有值得肯定的水準。既有可資依循的法度和規範，各方期盼選舉能在和平理性的局面下進行。如今，在競選場合各爲其主而激發的暴力事件，幾乎是無日無之，自然備受關切，可是對暴力事件的反應，總是演化爲政黨及候選人相互指控和相互譴責，芸芸衆生也總是感到氣憤和無奈！幾個月前，「九二五」高雄暴力事件，不止是新黨的痛，其所顯示的公權力淪喪，也是國人的痛！痛定思痛，不能已於言者，媒體是社會的良心，自由的守護神，目擊扼殺言論自由的血腥暴力，事後未能金鼓齊鳴地痛加針砭，使肇事者有所警惕，不能不說是令人遺憾的事。

一般的印象，選舉中的暴力，往往在風潮過後不了了之，或是曠日持久在法院進行沒完沒了的偵訊（難怪在不久之前涉嫌違反集會遊行法，經十次傳訊始出庭的前民進黨主席黃信介答辯時稱，有關被控情節已記不清了），可見反暴力只靠訴諸於法律，在策略上並不可取，其效果亦相當渺茫。

美國早期的選舉，原本也有暴力橫行的問題，後來之所以能讓「紐約之虎」、「芝加哥之狼」的惡勢力銷聲匿跡，進而展現民主法治的風貌，並非依賴政府的嚴刑峻法，而是得力於當年新聞界（各大報系）站出來追蹤報導，口誅筆伐；這種正義之聲的共鳴，及「雖千萬人吾往矣」的果敢行動，自然會使暴徒和與之狼狽爲奸的政客喪膽落魄。此一典型之流風所及，至今日，《紐約時報》及《華盛頓郵報》

等銳不可當的新聞媒體，仍然宛如社會正義的干城，專業而又犀利，總是讓不法不義的黑手無所遁形，在作風上，始終是不懼豪強，甚至敢在太歲頭上動土，例如七〇年代「水門案件」的揭發，尼克森總統因而下臺。當然，媒體並非執法者，但可召喚輿論制裁暴力，促使公權力展現強勢作為，美國的選舉頻繁，但暴力的介入則是絕無僅有，新聞媒體的角色地位功不可沒。

前幾天，南部的民眾日報遭大批蒙面歹徒搗毀，據初步研判，係因報導或評論選舉而招惹橫禍。此一暴力案件，若等閒視之，似與競選辦事處之被毀壞無分軒輊，但深一層想，這是不折不扣的摧毀新聞自由，今後從業者或知識分子仗義執言之際，會不會心生恐懼？該案件想必正由治安單位查辦，不過，我人深為訝異者，案發之後，至今未見新聞傳播界同聲譴責的反映。如借重美國經驗，只憑義正詞嚴的譴責是不夠的，各報系、各類媒體還要派遣採訪高手追查線索，儘快揭露幕後真相，如係出於支持者的意氣與衝動，當協助檢調單位早日繩之以法；如證實政黨及候選人難辭其咎，則籲請選民共棄之，此不僅足以抑制日益猖獗的暴戾之氣，同時，對於保障民權甚至基本人權，都具有積極的意義，且影響至為深遠。

83 年 11 月 21 日《中國時報》

總統該助選嗎？

　　年底縣市長選舉迫近，對於選情吃緊的執政黨而言，似有「政權保衛戰」的沉重壓力。輔選動員令下，不僅文武百官難以置身事外，就連黨主席也提出了「御駕親征」的架勢。

　　總統該爲同黨候選人助選嗎？時下成爲熱門話題。記得上一屆縣市長選舉，曾經爲此有過爭議，國民黨認爲黨魁助選乃理所當然，而民進黨臺北縣縣長候選人尤清發表公開信，籲請李總統以國家元首之尊，不可插手選舉事務。當時，行銷管理學會的民意調查，有六成受訪者表示，李總統不宜助選，只有二成（百分之十九點四）受訪者認爲並無不可，隱約之中，反應國人大多期盼元首在選戰中應保持超然立場。

黨魁助選的美國經驗未必可取

　　在美國，黨魁爲同黨的候選人助選，乃是常見的事，最典型的例子，在兩年一度的「中期選舉」期間，白宮主人照例會親自出馬，爲同黨候選人造勢。由於總統是政壇上的超級巨星，所到之處，少不了萬人空巷的場面，自可助長候選人的聲勢，也會爲選舉增添熱絡的氣氛，美國人覺得沒什麼不好。

總統助選的效果如何？難以評估，大率而言，其作用恐怕是象徵性的，無非是表達黨領袖的關心，藉以鼓舞黨人士氣，並無多少實質作用，因爲最後選民所面對的，仍然是特定的候選人，而不是對總統投票。最顯著的一項事實，那就是近世紀以來，美國曾有多次大選係由共和黨入主白宮，但民主黨掌握國會兩院多數席次，每逢中期選舉，總統雖然風塵僕僕，全力助選，卻並沒有改變同黨議員在國會屬於少數的結果。也許是基於這個緣故吧，對於總統助選，對手的候選人並不感到驚慌或憤憤不平。

以言政黨政治，黨魁助選固屬司空見慣，然而依循大衆公意，亦並非毫無可議之處，一般地說，民間期望總統捐棄黨見之私，不只是要他作爲一黨的總統，還要他作爲全民的總統。當年英國政治大學賴斯基 (Harold J. Laski) 在美國講學，有鑑於黨爭嚴重，曾倡言總統的立場當力求超越，蓋各黨的背後皆有大批支持者及狂熱的黨徒 (militants)，國家元首凌駕其上，不捲入選戰烽煙，則萬衆悅服，若是抛頭露面，在黨爭中厚此薄彼，不免招徠非議，有損淸望。言外之意，總統助選，可能是得不償失的。

與傳統及當前政治生態不協調

審查國內政治發展的背景，在權威體制下，一向是國民黨獨大，黨外勢力單薄，兩任蔣總統皆毋須亦不屑以「總裁」或「主席」的身分涉入輔選，只要運籌帷幄便可決勝千里，天長日久，總統地位崇高，豈可在爾虞我詐的選舉中談論張長李短，已是深入人心的流行觀念。政治文化的根性如此，今即使李總統以黨主席的名分爲黨人助

選，縱然合於政黨政治的理則，恐怕在街談巷議之中，還是得不到諒解的。

這幾年來，國民黨獨大的優勢，漸漸呈現強弩之末的窘狀，身繫黨國重任的李總統，自不免憂心忡忡，也或許有憑藉一己聲望爲黨人跨刀的心情，可是政治是科學也是藝術，在某種情境之下，居上位者「無爲」比「大有爲」更爲高明，助選一事的「得」與「失」，即有耐人尋味的深意。

目前，政黨政治的呼聲很高，且普遍嚮往「兩黨制」或「多黨制」。然而，事實上，此刻兩制均未成形，君子之爭的風氣不見蹤影，政黨之爭的對壘，盡是無情的殺伐，如以英儒范納（E. Finer）所言的「仇敵政治」（adversary politics）來描述國內黨爭，並不爲過。如今，國民黨的處境，可謂腹背受敵，既有日益坐大的民進黨不斷尋仇，又有因兄弟鬩牆而分道揚鑣的新黨反目成仇，值茲選舉在即的敏感時刻，李總統助選，豈能不橫遭物議？

正因爲政黨政治修煉未成，各方欠缺寬容雅量，而另一方面，民間對政治人物的期望升高，不滿現狀者比比皆然，遇有不如意事，總是歸咎於執政黨，故黨魁也是總統的一言一行，常被評頭論足，這樣的政治生態，芸芸衆生的悠悠之口，又焉得不議論紛紛呢？

不介入可造就廓然大公的形象

近世雖風行政黨政治，但黨領袖同時爲總統者，如其聲望卓著，老實說，人民心目中所景仰者乃因其爲總統，而非其爲一黨的領袖。以美國爲例，總統的領導地位（presidential leadership）總是掩蓋黨

領袖的地位（party leadership）。職是之故，就應當著意於造就廓然大公的形象。美國兩黨交互執政所蘊育的政治文化，對總統助選，不以爲意，或許不致損害元首的公正形象，但在我國，就又當別論了。

猶憶多年以前，執政黨蔣總裁爲感念大學教師之辛勞，特囑咐黨中央之有關單位，於歲暮時節，舉辦「春節教授年會」（早期在臺北中山堂，後因人數增多而改在陽明山中山樓舉行），親自召宴黨籍大學教師，並聆聽國事建言，以示關懷與榮寵。筆者與會之際，心有所感，蓋教育爲國家大計，大學教授並非盡爲國民黨籍，試問，未獲邀宴的黨外之士，作何感想？何如一視同仁，以總統的名義爲之，重視學術，關懷學者，理當無分畛域，豈可獨厚於黨人？有見於此，曾直言不諱地有所反應，後來，教授年會未再舉辦，但印象中似乎並非基於上述認知而輟止，不免令人感慨！

審察當前大局，改革開放的形勢不可遏抑，執政黨業已警覺民主是黨的命脈，並口口聲聲以民意爲依歸，然而，黨政關係如何定位？黨意與民意之間的落差何在？析言之，怎麼做才合於人民的期盼？依舊是決策者內心的糾結。其實，只要胸懷坦蕩，便可涵融黨意於民意之中，自能化解疑忌，止息紛爭。譬如面對選舉，「行政中立」的正當性乃人所共知，可是公務員政治立場的中立卻至爲渺茫，其所以積重難反而不易貫徹，如不諱言，爲政者無心貫徹，恐爲主要緣由，以致黨國分際模糊。長期執政的國民黨固爲始作俑者，今民進黨據有將近半數的「父母官」權位，又何嘗不會效尤其人之道？於是文官中立的行政倫理，何時得以彰顯？這不能不說是我國民主憲政的隱憂。

政務官隨政黨進退，不能不以黨的馬首是瞻，求其「群而不黨」，實爲苦人所難的空想，但國家元首作爲全民總統，大可不必凸顯黨領

袖的角色，相反地，應樹立「大中至正」的形象，則政治公道和行政
倫理方有典範可循。抑有進者，當代大黨獨佔的優勢不易賡續，設若
處於黨派聯合執政甚至「左右共治」的變局之下，做總統者勉力維繫
政局穩定與和諧，則爲黨人助選的作法，或將成爲政治禁忌，亦未可
知，又何能視之爲政黨政治的常軌？基於此等認知，總統在所屬政黨
仍屬多數的時際，自我節制而不介入助選之事務，應是明智的抉擇。

　　當然，身爲國民黨黨魁的李總統，面對如此重要的選舉，關注選
情，期勉黨人，都是可以理解的，但不宜隨著黨工人員緊張的節拍起
舞，而是應以平常心泰然處之。

　　國民黨主政將近一個世紀，牽繫民國的命脈，特別是對於營造臺
灣的安定繁榮而言，有不可磨滅的功績。如今，何以怨聲掩蓋了采
聲，問題究竟出在哪裡？若以選舉爲縮影，癥結何在？大家應是心知
肚明。我人以爲，黨的領導階層，與其栖栖遑遑地爲選情掛心，不如
關切選舉是否公正？尤其是選風是否清明？毋我毋私的公信力能否獲
得肯定？因爲這是大眾最常指摘的課題，國民黨若能有令人耳目一新
的作爲，便可望在此充滿危機的當口，開創峰迴路轉柳暗花明的契
機。這般期許，比之於元首走上前線，奔走呼號爲黨人助選，似更具
有積極意義。

（敏感話題未獲刊登）

總統先生，您失言了！

————談如何看待劫機案問題

　　日前，李登輝總統在雲林縣表示，臺灣可以贏大陸的地方，主要是經濟實力和自由民主，大陸的飛機一周內飛來三架，將來說不定一天之內飛來十架。

　　這種話語，爲了助選，在萬人大會上發表，原有「長自己志氣，滅他人威風」之意，也可能有博得采聲的效果，然而，無論如何，劫持民航機一事，在國際社會、在文明國家，都是十惡不赦的海盜行爲，在政治上，若以之反映海峽兩岸人心背向，則不免予人以隱喻「起義來歸」的印象，特別是出於領導人之口，實在很不恰當。

　　猶憶當年蔣故總統經國先生召見卓長仁等劫機犯（當時稱爲義士），可說是一項極爲無知的官方行爲，但剖析緣由，只能說當時實因過分緊張的敵我關係使然，也就是說，泛政治化令人愚昧，以致鑄下騰笑國際的大錯而不自知。撫今思昔，令人嗟吁！

　　盱衡當前形勢，兩岸關係趨於緩和，臺灣邁向開放社會，我人標榜自由民主，若不嚴詞譴責劫機，即爲藐視人權，更何況近來劫機事件頻傳，後果堪慮！不論中共有無強烈反應，我政府爲杜絕此一歪風，務必嚴正表明深惡痛絕的立場，並認眞檢討以往處理方式，研擬不排除人機一併遣返的對策。基於這樣的認知，李總統在萬衆之前，

即興地提到此一極爲敏感的課題（issue），未斥責劫機行徑，反而有
「將來說不定一天之內飛來十架」之說，既貽中共口實，亦足以招致
天下人誤解與非議，謂其失言，應不爲過。

（敏感話題未獲刊登）

民進黨應將「臺獨」排除在黨綱之外

　　大選落幕，朝野黨分別進行得失的省思。民進黨在首屆省長選舉中落敗，尤其讓該黨震驚的，在這「四百年來第一戰」中，竟然輸掉將近一百五十萬票，其間隱含的問題是什麼？豈可只從「國民黨做票」的方向去思索？日來民進黨中央決定檢討黨章、黨綱，不失爲值得稱道的理性反應。然而，施明德黨主席隨即表示，黨中央絕無預設修正或廢止「臺獨」黨綱的立場，並強調民進黨不能爲了拓展票源而自亂陣腳，況且從此次省市長大選該黨所得票數來看，顯然有四百五十萬餘票認同其黨章黨綱云云。對於這般似預設不變動「臺獨」黨綱立場的強烈暗示，不免令人困惑！儘管這是民進黨的家務事，但是作爲一個多年研究政黨的教書匠，爲了忠於知識，亦爲我國政黨政治的前途著想，忍不住要對已成氣候的反對黨吐露諍言。

將「臺獨」列入黨綱是認知的謬誤

　　延續反對運動的草根和草莽性格，民進黨在建黨之際，先是以「黨外」時代的共同政見「住民自決」作爲黨綱重點，後來一波一波地突破政治威權的禁忌，終於將「臺獨」主張列入黨綱。其時亦顯示

「新潮流派」已凌駕「美麗島派」而成為主流。這幾年，民進黨在定期選舉所得票逐漸上揚，緊追執政黨之後，於是「臺獨」聲勢也就水漲船高。

其實，不客氣的說，將「臺獨」列入黨綱，仍是欠缺專業知識所造成的謬誤，此一評斷，完全不涉及「臺獨」是禍是福，或是否有虧於民族大義，而是因為這種政治信仰，是不可亦不宜列入黨綱的。黨綱（platform）是什麼？依循先進國家民主政黨的通則，它是政黨針對各方關注的重大課題（great issues）提出對策的競選文獻，其特色要能引人入勝，又要能在特定時間（任期之中）促其實現，「民主政治就是責任政治」的理念方得以落實。例如當年美國民主黨的「新政」（New Deal）及英國勞工黨的「福利國家」（Welfare State）都是堪稱上品的黨綱。換言之，主義、意識型態、或體制外建國的理想，因其虛無飄渺且不測的變數多多，極有可能成為不克兌現的空頭支票，對選民來說，何異美麗的謊言；對揭示此等黨綱的政黨來說，則是言而無信，不啻自毀長城。

職是之故，民進黨將「住民自決」及「臺獨」列入黨綱，顯然是一項認知的謬誤，因為以可望而不可及的烏托邦作為競選諾言，黨綱乃不成其為黨綱，這或可謂之黨綱的迷失！

從「陳水扁的勝利」看臺獨黨綱

施明德謂此次大選有四百五十萬票認同民進黨黨章黨綱的說詞，未免失之於籠統。若含混地包括陳水扁的六十多萬票，作如是觀，則毋庸精算即可發現這個看法有顯著的差誤。一言以蔽之，臺北市長的

選舉，其結果，與其說是民進黨的勝利，還不如說是陳水扁的勝利（猶之乎美國一九五二年的大選，與其說是共和黨的勝利，還不如說是艾森豪的勝利）。

陳水扁的大獲全勝，在邏輯上，固然不排除其支持者對民進黨黨章黨綱的認同，但事實上，他致勝的主戰略是疏離「臺獨」黨綱的，從首次電視辯論面對新黨趙少康的強勢逼問，陳水扁對「臺獨」議題總是淡化處理，閃爍其詞；後來對該黨由「臺獨」主張所衍生的「金馬撤軍論」，亦嚴正聲明，不予苟同；面對黨內「臺獨」基本教義派的壓力，他在光復節的表態談話，不過是以「主權在民」、「公民投票」等理念加以稀釋；投票前夕，其黨人有將市長選舉定位爲「統獨之戰」者，陳之總部立即指摘其言不當，辯正的說，此乃「提昇市民品質的世紀之戰」。

平情而論，「陳水扁的勝利」，基本上，是以「形象牌」取勝，他個人的問政風格和成績斐然的記錄，才能使「最好的立委、最好的市長」之聯想，在支持者的心中躍動。在選戰中八十場政見發表會，聽講者超過六十萬人次的熱烈場面，陳水扁總是那麼謙遜、穩健和感性，其所吸引的，除民進黨的「死忠仔」外，還有許多不懷黨見的中間選民，這或許是他始終領先的重要緣由。但耐人尋味的一點，已如上述，陳水扁畢竟是刻意凍結「臺獨」主張的，卻爲民進黨在省市長選舉中締造了唯一的輝煌戰果，這對於其黨內奉「臺獨」爲圭臬的主流派勢必產生衝擊。抑有進者，陳水扁在謝票的過程中，甚至曾在民進黨中央黨部中表白，他要在國旗下宣示就職，也要在市政府前升青天白日旗，並將與中央政府維持和睦關係，如許的弦外之音，無非是要廓清「反體制」和「地方包圍中央」的疑慮。

在選後的檢討聲中，儘管民進黨的黨主席與秘書長先後爲黨綱辯護，甚至有揚言不惜辭職或退黨以明志者，顯示「臺獨」主張積重難返，但如果陳水扁跟主流路線反其道而行贏得的壓倒性勝利，還不能帶動民進黨修改黨綱，以收斂獨立建國的迷思，就表示這個黨自我調適的機能流於僵化，殊不知民主政黨要懂得從選舉的風向氣球看形勢，進而果敢地求新求變，方可立於不敗之地。最近，德國和日本的社會主義政黨斷然揚棄激進敎條，可資借鏡。

市場取向的政黨不搞「堅持」

研究政黨的大師杜佛傑（M. Duverger）將近代政黨分爲三類：1.歐洲大陸社會主義政黨（socialist parties of continental Europe）。2.十九世紀中產階級政黨（the middle calss parties of the nineteenth century）。3.共產黨與法西斯黨（Communism and Fascism）。如今，法西斯黨化爲歷史灰燼，共產黨已成強弩之末（中共的「四個堅持」名存實亡），社會主義政黨亦呈現日暮途窮的光景，唯有中產階級政黨具有支配性地位（如英美政黨），成爲民主政黨的主流。

中產階級政黨，又稱「掮客黨」（broker party）（筆者譯爲市場取向的政黨），此等政黨不受意識型態之牽累，其黨綱政見一味投合大眾的需求，宛如買賣人不懷定見，但爲巴結顧客而調節經營的取向。當然，這並不表示重「利」即不重「義」，中產階級對自由、民主、社會正義等理念皆甚熱衷，「掮客黨」豈敢怠慢？相對地，脫胎於社會主義的「使命黨」或「敎士黨」（missionary party）（取其猶如敎士傳敎之意），黨之菁英往往墨守意識型態，具有聖化的色彩，所

以很難肆應社會脈動，而成爲全民政黨。

　　民進黨既有雄心邁向執政之路，理當在「內造政黨」的根基上，認清政治市場的動向，調整黨意與民意的落差，切不可存有「敎士黨」的心思，或依戀反對運動的革命情緒，固執反體制的「堅持」。務實的說，黨綱中要不要保留「臺獨」立場？撇開認知的謬誤不談，也得爲定期選舉的利害盤算，這些年來，每逢選戰，「臺獨」即爲衆矢之的，若是把「使命感」放下，冷靜地檢視一番，在選票上所獲得的，恐怕未必能彌補所流失的。試以省長選舉爲例，證明「變天論」不敵「安定牌」，「臺獨」等同「變天」，足以使大多數祈求安和樂利的省民不安，所以他們寧願拋開「蕃薯」對「芋頭」的情結，作出了嚴肅的抉擇，這是值得民進黨引爲警惕的！

　　國家長期分裂，以及主導反對運動的背景，民進黨的「臺獨」主張是可以理解的，但經歷此次大選的洗鍊，應趁勢將它排除在黨綱之外，一則還給黨綱應有的面貌，讓其中所承諾者皆切實可行，而不是世代追求的神聖誓言；再則讓黨意跟著民意走，越過國家認同的爭議，告別「臺獨黨」的圖騰，黨的體質才得以轉化，也才能擺脫「永遠的在野黨」之陰影。

83 年 12 月 16 日《中國時報》

滄海叢刊書目 (一)

國學類

哲學類

張公難先之生平　李鵬　編著
唐玄奘三藏傳史彙編　釋光中　著
一顆永不殞落的巨星　釋光中　著
新亞遺鐸　錢穆　著
困勉強狷八十年　陶百川　著
困強回憶又十年　陶百川　著
我的創造・倡建與服務　陳立夫　著
我生之旅　方治　著

語文類

文學與音律　謝雲飛　著
中國文字學　潘重規　著
中國聲韻學　潘重規、陳紹棠　著
詩經研讀指導　裴普賢　著
莊子及其文學　黃錦鋐　著
離騷九歌九章淺釋　繆天華　著
陶淵明評論　李辰冬　著
鍾嶸詩歌美學　羅立乾　著
杜甫作品繫年　李辰冬　編
唐宋詩詞選 —— 詩選之部　巴壺天　編
唐宋詩詞選 —— 詞選之部　巴壺天　編
清眞詞研究　王支洪　著
茗華詞與人間詞話述評　王宗樂　著
元曲六大家　應裕康、王忠林　著
四說論叢　羅盤　著
紅樓夢的文學價值　羅德湛　著
紅樓夢與中華文化　周汝昌　著
紅樓夢研究　王關仕　著
中國文學論叢　錢穆　著
牛李黨爭與唐代文學　傅錫壬　著
迦陵談詩二集　葉嘉瑩　著
西洋兒童文學史　葉詠琍　著
一九八四　George Orwell原著、劉紹銘　譯
文學原理　趙滋蕃　著
文學新論　李辰冬　著
分析文學　陳啓佑　著